Daniel Krasa und Isabelle Jue

VIVE les vacances ! NEU

Französisch für die Reise | Für Einsteiger

Kursbuch mit Audios online

Hueber Verlag

Der kostenlose MP3-Download zum Buch, die App und der Lehrerleitfaden sind unter **www.hueber.de/reise** erhältlich.

4. 3. 2. | Die letzten Ziffern
2029 28 27 26 25 | bezeichnen Zahl und Jahr des Druckes.
Alle Drucke dieser Auflage können, da unverändert, nebeneinander benutzt werden.
1. Auflage

Umschlaggestaltung: Sieveking Agentur, München
Layout und Satz: Sieveking Agentur, München
Verlagsredaktion: Helga Aichele, Jürgen Frank, Hueber Verlag, München
GPSR-Kontakt: Hueber Verlag GmbH & Co. KG, Baubergerstraße 30, 80992 München, kundenservice@hueber.de
Druck und Bindung: PASSAVIA – Druckservice GmbH & Co. KG, Medienstraße 5b, 94036 Passau, info@passavia.de
Printed in Germany
ISBN 978-3-19-117243-5

Art. 530_26777_001_02

Vorwort

Liebe Leserin, lieber Leser, liebe Frankreichfans,

Sie sind Sprachanfänger und spielen mit dem Gedanken, Französisch für die Reise zu lernen? Dann ist unser Sprachkurs *Vive les vacances ! Neu* genau das Richtige für Sie. *Vive les vacances ! Neu* ist ein einbändiges Lehrwerk für Erwachsene, das unterhalb des Niveaus A1 angesiedelt ist. *Vive les vacances ! Neu* bietet einen entspannten und unterhaltsamen Einstieg in die französische Sprache. Dabei konzentrieren sich die Inhalte auf das, was Sie für die sprachliche Bewältigung der wichtigsten Reisesituationen benötigen.

Die zwölf Lektionen, die jeweils eine Unterrichtseinheit abdecken, haben einen klaren Aufbau und in den Übungen trainieren Sie die Redewendungen und den Wortschatz auf abwechslungsreiche Weise. Auf eine Vertiefung der Grammatik wurde bewusst verzichtet, Grammatikliebhaber können aber im Anhang in einer systematischen Grammatikübersicht die wichtigsten Strukturen und Regeln nachschlagen. *Vive les vacances ! Neu* vermittelt darüber hinaus interessante Einblicke in die französische Alltagskultur.

Nach Lektion sechs und zwölf können Sie in zwei Tests Ihren Kenntnisstand überprüfen. Im Anhang befinden sich zusätzlich zu dem Grammatiküberblick die Lösungen der Übungen sowie ein alphabetisches Wortschatzverzeichnis Französisch – Deutsch.

Jede Lektion beginnt mit einer kurzen Übung, die in das jeweilige Thema einführt und Ihr Vorwissen aktivieren soll. Es folgen zwei Dialoge zu den wichtigsten Situationen einer Reise. Die in den Dialogen vorkommenden Redewendungen und Satzmuster werden in der Rubrik „Worauf es ankommt" erläutert und in der Randspalte übersichtlich zum Lernen dargestellt. Zur Sicherheit bieten wir die deutsche Übersetzung sämtlicher Dialoge in den Lösungen im Anhang. Unter dem Motto „Ein bisschen Grammatik" werden einige für das Verständnis wichtige Grammatikstrukturen behandelt. Neben jeder Dialogseite finden Sie eine Übungsseite *(Exercices)*, wo Sie das soeben Gelernte selbst anwenden können. Geübt werden insbesondere Aussprache („Verständnis und Aussprache"), Hörverstehen („Hören und verstehen") sowie die sprachliche Eigenproduktion. In der Rubrik *L'essentiel d'un coup d'œil* („Das Wichtigste auf einen Blick") sind nochmals alle Redemittel der Lektion übersichtlich zum Lernen und Sichselbsttesten zusammengestellt. Abgeschlossen wird jede Lektion durch zwei informative Seiten in französischer Sprache zum Thema Landeskunde mit nützlichen Hintergrundinformationen und interessanten Porträts von einigen französischen Städten und Regionen. Die deutschen Übersetzungen dieser Texte finden Sie im Anhang.

Die Dialoge, Aussprache- und Hörverständnisübungen sowie die Rubrik *L'essentiel d'un coup d'œil* sind als kostenloser MP3-Download verfügbar.

Die vertonten Texte sind im Buch jeweils mit dem Symbol gekennzeichnet. Die Zahl neben dem Symbol gibt die Nummer der zugehörigen Audio-Datei an. Mit unserer kostenlosen *Hueber Media*-App können Sie mithilfe von Smartphone oder Tablet unkompliziert und schnell auf die Audio-Dateien zugreifen. Den kostenlosen MP3-Download, die App sowie weitere Informationen und Hinweise – speziell für die Kursleitenden – finden Sie im Internet unter: **http://www.hueber.de/reise**

Zusätzlich zum Buch bieten wir alle Sprachaufnahmen auch auf einer Audio-CD an (ISBN 978-3-19-127243-2).

Vive les vacances ! Neu folgt den Regeln der neuen französischen Rechtschreibung.

Wir wünschen Ihnen viel Vergnügen, Erfolg und vor allem *Bon voyage !* – Gute Reise!
Autoren und Verlag

Inhalt

Kurssprache Französisch

1 Was sagt der Kursleiter / die Kursleiterin?

Ouvrez le livre à la page ...
Öffnen Sie das Buch auf Seite ...

Regardez ...
Schauen Sie ... an.

Lisez.
Lesen Sie ...

Écoutez ...
Hören Sie ...

Écrivez ...
Schreiben Sie ...

Parlez ...
Sprechen Sie ...

Complétez ...
Ergänzen Sie ...

Numérotez ...
Nummerieren Sie ...

Reliez ...
Verbinden Sie ...

2 Wie sage ich es im Kurs?

Qu'est-ce-que ça veut dire ?
Was bedeutet das?

Ça s'écrit comment ?
Wie schreibt man das?

On prononce comment ... en français ?
Wie spricht man ... auf Französisch aus?

On dit comment ... en français ?
Wie sagt man ... auf Französisch?

Vous pouvez écrire au tableau, s'il vous plait ?
Können Sie (das) bitte an die Tafel schreiben?

Je ne sais pas.
Ich weiß (es) nicht.

Je ne comprends pas.
Ich verstehe (es) nicht.

J'ai une question.
Ich habe eine Frage.

Vous pouvez répéter, s'il vous plait ?
Können Sie bitte wiederholen?

1

Erste Kontakte – Premiers contacts

Schon längst bekannt, nicht wahr?

So ein bisschen Französisch kann doch jeder. Sicher haben Sie die eine oder andere der folgenden Floskeln schon mal gehört. Können Sie ihnen jeweils die richtige deutsche Übersetzung zuordnen?

1. Bonjour.
2. Au revoir.
3. Salut.
4. Comment ça va ?
5. Bon appétit !
6. Merci.

a. Wie geht's?
b. Hallo.
c. Danke.
d. Auf Wiedersehen.
e. Guten Tag.
f. Guten Appetit!

Was Sie in dieser Lektion lernen:
- wie man jemanden begrüßt und sich verabschiedet.
- wie man jemanden nach dem Befinden fragt.
- wie man jemanden vorstellt.
- wie man jemanden willkommen heißt.

Weltsprache français

Französisch ist Amtssprache in Frankreich und seinen Departements und Territorien in Übersee, in Quebec (Kanada), im Westen der Schweiz, im Süden Belgiens, in vielen Ländern Afrikas (z. B. Senegal, Mali, Niger, Elfenbeinküste, Guinea, Kamerun usw.) und in Haiti. Weltweit sprechen ca. 270 Millionen Menschen Französisch.

Bonjour, comment allez-vous ?

Hören Sie den Dialog und setzen Sie die fehlenden Ausdrücke ein. ▶ 1

Au revoir – Bonjour – Comment allez-vous ? – Enchantée.

■ ____________________, Monsieur Dupont.
● Bonjour, Madame Durand.
■ ____________________
● Très bien, merci. Et vous ?
■ Je vais bien aussi, merci. Je vous présente mon mari Jacques.
▲ Très heureux.
● Enchanté. Je vous présente ma femme Gaëlle.
◆ ____________________
■ Maintenant, nous allons prendre le train. À bientôt.
● ____________________ et bon voyage.

Worauf es ankommt

Begrüßung formell
Bonjour *(guten Morgen/guten Tag)* den ganzen Tag bis ca. 18 Uhr, dann bonsoir *(guten Abend)*. Höflicher ist es, Monsieur *(mein Herr)* oder Madame *(meine Dame)* hinzuzufügen.

Verabschiedung formell
Au revoir *(auf Wiedersehen)*. Zusätzlich: Wünsche wie bon voyage *(gute Reise)* oder bonne journée *(einen schönen Tag)*, bonne soirée *(einen schönen Abend)*.

Sehr erfreut!
Lernt man jemanden kennen, sagt ein Mann: très heureux oder enchanté, eine Frau sagt: très heureuse oder enchantée *(alle: angenehm/sehr erfreut)*.

Ein bisschen Grammatik

Man unterscheidet im Französischen männliche und weibliche Hauptwörter. Die bestimmten Artikel heißen le für männliche und la für weibliche Hauptwörter, vor einem Selbstlaut (a, e, i, o, u) nur l':

le mari	der Ehemann
la femme	die Ehefrau
l'ami/l'amie	der Freund/die Freundin

Bitte beachten Sie, dass man im Französischen vor !, ?, : und ; ein Leerzeichen setzt.

Herr & Frau
Madame
Frau ..., meine Dame
Monsieur
Herr ..., mein Herr

Das werte Befinden?
Comment allez-vous ?
Wie geht es Ihnen?
Bien.
Gut.
Je vais bien.
Mir geht es gut.
Je vais bien aussi.
Mir geht es auch gut.
Pas mal.
Nicht schlecht.
Merci, et toi/vous ?
Danke, und dir/Ihnen?
Ça va.
Es geht so.
Moyen. / Comme ci, comme ça.
So lala. / Einigermaßen.

Jemanden vorstellen
Je vous présente ...
Ich stelle Ihnen ... vor.
ma femme
meine (Ehe-)Frau
mon mari
meinen (Ehe-)Mann
mon ami/mon petit ami
meinen Freund/meinen festen Freund
mon amie/ma petite amie
meine Freundin/meine feste Freundin

Aussprache
g vor a, o und u wie g in „Gans", g vor e und i sowie j wie das stimmhafte („weiche") sch in „Garage", c vor a, o und u wie k in „Kopf", c vor e und i wie das stimmlose ß in „Spaß"

Exercices

1 Verständnis und Aussprache

Verstehen Sie die folgenden Wendungen? Dann sprechen Sie sie bitte nach! ▶ 2

1. Bonjour, Monsieur.
2. Comment allez-vous ?
3. Bien, merci.
4. Et vous ?
5. Enchanté.
6. Au revoir, Madame.

2 Welche Antwort passt?

Hier macht nur eine Erwiderung Sinn. Wissen Sie, welche? Gut, dann spielen Sie das mit Ihrem Tischnachbarn einmal durch.

1. Bonsoir.
   a. Bonsoir.
   b. Merci, et vous ?
2. Comment allez-vous ?
   a. Très heureux.
   b. Très bien, merci.
3. Je vous présente ma femme.
   a. Au revoir.
   b. Enchanté.
4. Comment allez-vous ?
   a. Ça va.
   b. Bon voyage.

3 Bitte vervollständigen

Setzen Sie die Angaben 1–6 in den Beispielsatz ein.

Bonjour, Kai. Je vous présente …

1. mon ami ______________________
2. mon amie ______________________
3. mon mari ______________________
4. ma femme ______________________
5. mon fiancé ______________________
6. ma fiancée ______________________

mon fiancé = mein Verlobter
ma fiancée = meine Verlobte

4 Was passt zueinander?

Finden Sie die deutsche Entsprechung jedes französischen Satzes?

1. Bonjour.
2. Au revoir.
3. Pas mal.
4. Ça va, merci.
5. Je vais bien aussi.
6. Très heureux.

a. (Es geht mir) nicht schlecht.
b. Es geht so, danke.
c. Sehr erfreut.
d. Auf Wiedersehen.
e. Mir geht es auch gut.
f. Guten Tag.

5 Bitte nachspielen

Spielen Sie jeweils zu viert den Dialog A nach und improvisieren Sie mit den Ihnen bekannten Wörtern und Wendungen.

- ■ Bonsoir, Monsieur Schmidt, comment allez-vous ?
- ● Bien, merci. Et vous ?
- ■ …

Wie geht's?
Alors, ça va ?
Na, wie geht's denn so?

Comment ça va ?
Wie geht's?

Comment vas-tu ?
Wie geht es dir?

Was man halt so ist …
Je suis …
Ich bin …

occupé/occupée
beschäftigt

fatigué/fatiguée
müde

malade
krank

Du Armer!
Mon/Ma pauvre !

Sorry!
Je suis désolé/désolée.
Das/Es tut mir leid.

Jemanden vorstellen
Je te présente …
Ich stelle dir … vor.

une amie/une copine
eine Freundin

un ami/un copain
einen Freund

ma collègue
meine Kollegin

mon collègue
mein Kollege

ma sœur
meine Schwester

mon frère
meinen Bruder

Aussprache
e ist oft stumm oder kurz wie e in „Junge“, é wie ee in „See“, ê und è wie ä in „mähen“, œu wie ö in „öffnen“, u wie ü in „Mühe“

Salut, comment ça va ?

Hören Sie den Dialog an. Wie geht es Philippe? ▶ 3

- ● Salut, Sidonie, comment vas-tu ?
- ■ Salut, Philippe ! Je vais bien. Et toi, ça va ?
- ● Pas mal. Je suis très fatigué.
- ■ Oh mon pauvre, je suis désolée. Bon, je te présente Arthur, un ami.
- ● Salut, Arthur.
- ▲ Salut, Philippe.
- ■ Et qui est-ce ? C'est ton amie ?
- ● Non, ce n'est pas mon amie, c'est ma cousine. Elle s'appelle Camille.
- ■ Bienvenue à Marseille, Camille.
- ◆ Merci !

Worauf es ankommt

Begrüßung & Verabschiedung unter Freunden
Begrüßung: Salut *(hallo)*, Verabschiedung: salut *(tschüss)*, à bientôt *(bis bald)*, à plus *(bis dann)*, à plus tard *(bis später)* oder à la prochaine *(bis zum nächsten Mal)*.

Willkommen
Immer bienvenue, egal ob es zu einem Mann, einer Frau oder mehreren Personen gesagt wird.

Ein bisschen Grammatik

Die meisten Verben enden in der 1. Person Einzahl im Präsens (Gegenwart) auf -e oder -s, in der 2. Person auf -s und in der 3. Person auf -e, -d oder -t.

je présente	ich stelle vor
je suis	ich bin
je vais	ich gehe
tu présentes	du stellst vor
tu vas	du gehst
il/elle présente	er/sie stellt vor
il/elle s'appelle	er/sie heißt
il/elle prend	er/sie nimmt
il/elle est	er/sie ist

Exercices

1 Verständnis und Aussprache

Verstehen Sie die folgenden Wörter und Sätze? Dann sprechen Sie sie bitte nach! ▶ 4

1. Salut.
2. Comment ça va ?
3. Pas très bien.
4. Et toi, ça va ?
5. Je suis très fatigué.
6. À bientôt.

2 Bitte nachsprechen

Setzen Sie bitte die Städtenamen 1–6 in den Satz ein.

Bienvenue à …

1. Paris ____________________
2. Marseille ____________________
3. Lyon ____________________
4. Nice ____________________
5. Lille ____________________
6. Genève ____________________

3 Hören und verstehen

Hören Sie sich aufmerksam den Dialog an und entscheiden Sie sich für die richtigen Antworten auf die Fragen. ▶ 5

1. Comment va Robert ?
   a. Bien.
   b. Très bien.
2. Julie est fatiguée ?
   a. Non, elle est malade.
   b. Oui, très fatiguée.
3. Qui présente Robert ?
   a. Il présente une amie.
   b. Il présente un collègue.

4 Was passt zueinander?

Finden Sie die deutsche Entsprechung jedes französischen Satzes?

1. Salut.	a. Ich bin sehr krank.
2. Comment vas-tu ?	b. Er heißt Didier.
3. Je suis désolé !	c. Hallo.
4. Pas très bien.	d. Nicht sehr gut.
5. Je suis très malade.	e. Wie geht's dir?
6. Il s'appelle Didier.	f. Das tut mir leid!

5 Bitte nachspielen

Spielen Sie den Dialog B in der Gruppe nach und improvisieren Sie mit den Ihnen bekannten Wörtern und Floskeln.

- ■ Salut, Paul, comment vas-tu ?
- ● Bien, merci. Et toi, comment ça va ?
- ■ …

L'essentiel d'un coup d'œil

Freunde & Beziehungen ▶ 6

femme/épouse
Ehefrau

mari
Ehemann

fiancée
Verlobte

fiancé
Verlobter

compagne
Lebensgefährtin

compagnon
Lebensgefährte

amie/copine
Freundin

ami/copain
Freund

petite amie
feste Freundin

petit ami
fester Freund

sœur
Schwester

frère
Bruder

Begrüßung und Verabschiedung	
bonjour	guten Morgen/guten Tag
bonsoir	guten Abend
bonne nuit	gute Nacht
salut	hallo/tschüss
au revoir	auf Wiedersehen
à bientôt	bis bald
à plus	bis dann
à la prochaine	bis zum nächsten Mal
Wünsche	
bon voyage	gute Reise
bonne journée	einen schönen Tag
bonne chance	viel Glück
Willkommen	
bienvenue	willkommen
Sehr erfreut!	
ein Mann sagt: très heureux/enchanté *eine Frau sagt:* très heureuse/enchantée	sehr erfreut/angenehm
Befinden	
Comment allez-vous ?	Wie geht es Ihnen?
Comment vas-tu ?	Wie geht es dir?
(Comment) ça va ?	Wie geht's?
Alors, ça va ?	Na, wie geht's denn so?
Merci, et toi ?	Danke, und dir?
Bien.	Gut.
Très bien.	Sehr gut.
Je vais bien.	Mir geht es gut.
Moi aussi, je vais bien.	Mir geht es auch gut.
Pas mal.	Nicht schlecht.
Moyen. / Comme ci, comme ça.	So lala. / Einigermaßen.
Je ne vais pas bien.	Mir geht es nicht gut.
Je ne vais pas très bien.	Mir geht es nicht besonders gut.
Vorstellen	
Je vous présente ...	Ich stelle Ihnen ... vor.
Je te présente ...	Ich stelle dir ... vor.
Qui est-ce ?	Wer ist das?

Was mir sonst noch wichtig ist

TU ET VOUS

Est-ce que vous le saviez ?

En français, on utilise le *« tu »* et le *« vous »* comme en allemand. Les personnes de même âge et en règle générale tous les jeunes, mais aussi les amis, les collègues, les connaissances et les membres d'une même famille se tutoient *(tutoyer)*. On vouvoie *(vouvoyer)* les personnes inconnues et les personnes que l'on respecte. Lorsque l'on vouvoie quelqu'un, il faut dire le nom de famille en mettant d'abord *Madame*... ou *Monsieur*.... Si l'on connait pas le nom de famille, on peut simplement utiliser *Monsieur* ou *Madame*, ce qui n'est pas démodé comme en allemand mais qui est une expression de politesse. On entend aussi très souvent appeler les jeunes femmes par *Mademoiselle*, ce qui sonne plutôt comme un compliment. En dehors des cercles académiques, il est inhabituel d'appeler par leur titre les *docteurs* (sauf les médecins), les avocats, ou les ingénieurs.

Les salutations

En France, entre inconnus, il est normal de se saluer en se serrant la main. Entre connaissances, amis, dans la famille, on s'embrasse au moins une ou deux fois sur la joue à droite et à gauche. Le nombre de baisers dépend de la région, ils se font sur les joues et bien souvent la bise se fait en l'air en direction de l'oreille. Cette forme de bise est habituelle entre hommes et femmes ainsi qu'entre femmes. Par contre, les hommes ne s'embrassent que lorsqu'ils se connaissent bien.

EN AVANT, VERS LA FRANCE

Avant tout

Félicitations ! Vous avez parfaitement réussi la première leçon de ce cours. Vous êtes sur le bon chemin et bientôt vous serez prêt pour un séjour en France ou dans un autre pays de langue française. Peu importe où l'on parle le français, à *Montréal, Paris, Bruxelles* ou *Genève*, vos connaissances de base en français vous ouvrent partout les portes. Vos connaissances linguistiques vous servent aussi partout, le français est une importante langue mondiale parlée par des millions de personnes. Donc, si vous allez à la découverte du pays des vieux Gaulois, à l'est du Canada ou dans des lointains pays africains, dans les Caraïbes ou dans le Pacifique avec le minimum de connaissance en français dans vos bagages, vous vous sentirez à l'aise dans bien des situations. *Allons-y !*

2

Sich kennenlernen – Faire connaissance

Was Sie in dieser Lektion lernen:
- wie man die Nationalität, den Beruf, den Familienstand und den Namen erfragt und angibt.
- wie man fragt, ob jemand Kinder oder Geschwister hat.

Nicht immer ganz leicht!

Viele unserer Städte haben auf Französisch eigene Namen. Ordnen Sie jedem französischen Namen seine deutsche Entsprechung zu.

1. Francfort	a. Aachen
2. Cologne	b. Genf
3. Mayence	c. Köln
4. Bâle	d. Wien
5. Vienne	e. Frankfurt
6. Genève	f. Mainz
7. Aix-la-Chapelle	g. Basel

Wichtige Ländernamen
Allemagne (Deutschland), **Autriche** (Österreich), **Angleterre** (England), **Belgique** (Belgien), **Canada** (Kanada), **Espagne** (Spanien), **France** (Frankreich), **Pays-Bas** (Niederlande), **Italie** (Italien), **Suisse** (Schweiz)

Nationalität und Herkunft

Vous êtes français/e ?
Sind Sie Franzose/Französin?

(Non,) je suis ...
(Nein,) ich bin ...

allemand/e
Deutscher/e

autrichien/ne
Österreicher/in

suisse/suisse(sse)
Schweizer/in

D'où êtes-vous ?
Woher sind Sie?

Je suis de ...
Ich bin aus ...

Je viens de ...
Ich komme aus ...

J'habite à ...
Ich wohne in ...

Welchen Beruf?

Qu'est-ce que vous faites ?
Was machen Sie (beruflich)?

Quelle est votre profession ?
Was sind Sie von Beruf?

Je suis ...
Ich bin ...

Je travaille ...
Ich arbeite ...

dans une banque
bei einer Bank

dans un bureau
in einem Büro

Und der Familienstand?

Vous êtes marié/e ?
Sind Sie verheiratet?

Aussprache
Das geschriebene h wird nicht gesprochen: habiter (wohnen), hôtel (Hotel).
An und en werden durch die Nase gesprochen, wie ant in croissant.

Je suis allemand. Et vous, d'où êtes-vous ?

Hören Sie den Dialog. Woher kommt die Frau? ▶ 7

- Excusez-moi, c'est libre ?
- Oui, oui, je vous en prie.
- Excusez-moi, mais vous n'êtes pas française ?
- Non, non, je suis allemande. De Francfort. Et vous, d'où êtes-vous ?
- Je suis de Lyon, mais j'habite à Paris.
- Quelle belle ville ! Vous allez aussi à Marseille ?
- Oui, pour le travail, je suis architecte. Et vous, qu'est-ce que vous faites ?
- Je suis employée, je travaille dans une banque. Mais maintenant, je suis en vacances.
- Vous êtes seule en France ?
- Non, mon mari vient aussi.
- Alors, vous êtes mariée ... ?
- Oui, et j'ai aussi deux enfants.

Worauf es ankommt

Höflichkeitsfloskeln
Excusez-moi *(verzeihen Sie [mir], Entschuldigung)*, merci *(danke)*, merci beaucoup *(vielen Dank)* oder merci mille fois *(tausend Dank)*, darauf antwortet man: je vous en prie *(bitte sehr)* oder de rien *(keine Ursache)*.

Herkunft und Familienstand
Je suis ... *(Ich bin ...)* allemand *(Deutscher)*, italien *(Italiener)*, anglais *(Engländer)*, français *(Franzose)*, espagnol *(Spanier)*, belge *(Belgier/in)*, suisse *(Schweizer/in)*. Aber auch:
Je suis de ...*(Ich bin aus ...)*, z. B. de Paris *(aus Paris)*, de Nice *(aus Nizza)* usw. oder:
Je viens de Marseille. *(Ich komme aus Marseille.)*
Je suis ... *(Ich bin ...)*: marié/e *(verheiratet)*, divorcé/e *(geschieden)*, séparé/e *(getrennt)*, fiancé/e *(verlobt)*.

Ein bisschen Grammatik

Männliche Haupt- und Eigenschaftswörter werden weiblich, wenn man ein -e hinzufügt: allemande *(Deutsche)*, anglaise *(Engländerin)*, mariée *(verheiratet)*. Wörter, die auf -ien enden, werden weiblich, indem man -ne anfügt: italienne *(Italienerin)*.
Im Folgenden geben wir die weibliche Form jeweils durch /e an: ami/e *(Freund/Freundin)*.

Exercices

1 Verständnis und Aussprache

Sicher verstehen Sie die folgenden Sätze. Na dann bitte mal nachsprechen! ▶ 8

1. Excusez-moi, c'est libre ?
2. Mon mari vient de Berlin.
3. Qu'est-ce que vous faites ?
4. Vous êtes en vacances ?
5. J'ai deux enfants.
6. Je travaille dans une banque.

2 Bitte ordnen Sie

In dieser Übung sind die Sätze etwas durcheinandergeraten. Können Sie sie so ordnen, dass sie wieder einen Sinn ergeben? Zur Kontrolle hören Sie sich den Dialog an und spielen ihn mit Ihrem Nachbarn nach. ▶ 9

__ Quelle belle ville ! Vous allez aussi à Marseille ?
__ Non, je suis allemand. Mais j'habite à Nice.
__ Alors, bon voyage.
__ Oui, je suis en vacances.
1 Excusez-moi, vous êtes français ?
__ Ah ! Je suis aussi en vacances.

3 Passende Formulierungen

Finden Sie im Dialog 2A die passenden Formulierungen für folgende Gesprächssituationen.

1. fragen, ob der Sitzplatz frei ist ____________
2. jemanden nach seiner Herkunft fragen ____________
3. sagen, dass man in ... wohnt ____________
4. jemanden nach seinem Beruf fragen ____________
5. sagen, dass man ... Kinder hat ____________

4 Was passt zueinander?

Welche Nationalität haben folgende Personen? Können Sie immer einer Person ein Eigenschaftswort zuordnen?

1. DJ Ötzi
2. Jean Reno
3. Monica Bellucci
4. David Beckham
5. Heidi Klum
6. Roger Federer

a. est anglais.
b. est français.
c. est autrichien.
d. est italienne.
e. est suisse.
f. est allemande.

Nationalitäten
allemand/e (Deutscher/e), autrichien/ne (Österreicher/in), anglais/e (Engländer/in), belge (Belgier/in), canadien/ne (Kanadier/in), espagnol/e (Spanier/in), français/e (Franzose/Französin), italien/ne (Italiener/in), suisse (Schweizer/in)

5 Etwas Fantasie

Jeder Kursteilnehmer gibt sich einen Fantasienamen und erzählt etwas über seine erfundene Herkunft, seinen Beruf usw. Und zwar als Interview mit dem Tischnachbarn.

- ● Bonjour, vous êtes Amélie ?
- ■ Non, je suis Élodie.
- ● Vous êtes allemande ?
- ■ Non, je suis française.
- ● Vous habitez à Nice ?
- ■ Non, j'habite à Lyon ...

Wie ist der werte Name?
Je m'appelle ...
Ich heiße
... et vous/toi ?
... und Sie/du?
Comment s'appelle ... ?
Wie heißt ...?
Il/Elle s'appelle ...
Er/Sie heißt ...
Vous êtes Marc ?
Sind Sie Marc?
Tu es (bien) Olivier ?
Bist du (denn) Olivier?

Wer hat, der hat ...
Vous avez ... ? / Tu as ... ?
Haben Sie ...? / Hast du ...?
des enfants
Kinder
des frères et sœurs
Geschwister
J'ai ...
Ich habe ...
un fils/une fille
einen Sohn/eine Tocher
un frère/une sœur
einen Bruder/eine Schwester
Je n'ai pas ...
Ich habe keine ...
d'enfants
Kinder
de frères et sœurs
Geschwister

Was man so ist ...
Je suis ...
Ich bin ...
étudiant/e
Student/in
retraité/e
Rentner/in

Comment tu t'appelles ?

Hören Sie den Dialog. Warum ist Susanne in Frankreich? ▶ 10

- ● Salut, tu es bien Susanne ?
- ■ Oui ... et toi, excuse-moi, mais comment tu t'appelles ?
- ● Je m'appelle Philippe, je suis l'ami de Camille !
- ■ Ah oui ...
- ● Susanne ... tu es allemande ?
- ■ Oui, je viens de Hambourg.
- ● Ah bon ... Tu habites seule ici ?
- ■ Non, mon frère habite aussi ici.
- ● Ah, c'est bien. Malheureusement, moi, je n'ai pas de frères et sœurs. Et pourquoi es-tu en France ? Tu es étudiante ?
- ■ Oui, j'étudie le français. Et toi, qu'est-ce que tu fais ?
- ● Je travaille dans un magasin d'ordinateurs.
- ■ Ah, c'est intéressant ! Bien, alors, à bientôt ...
- ● Salut, à bientôt !

Worauf es ankommt

Nomen est Omen
Nach dem Namen fragt man: Comment tu t'appelles ? *(Wie heißt du?)* bzw. Comment vous appelez-vous ? *(Wie heißen Sie?)*

Wohnort
Man sagt: J'habite à ... *(Ich wohne in ...)* und fragt: Où est-ce que tu habites ? *(Wo wohnst du?)*

Ein bisschen Grammatik

Die besitzanzeigenden Fürwörter lauten in der Einzahl: mon *(mein)*, ton *(dein)*, son *(sein/ihr)* vor männlichen Hauptwörtern und ma *(meine)*, ta *(deine)*, sa *(seine/ihre)* vor weiblichen Hauptwörtern, z. B. ma femme et ton fils *(meine Ehefrau und dein Sohn)*. In der Mehrzahl heißen sie mes *(meine)*, tes *(deine)*, ses *(seine/ihre)*. Vor weiblichen Hauptwörtern, die mit Selbstlaut beginnen, verwendet man die männlichen Formen: mon amie *(meine Freundin)*.

Noch etwas Grammatik

Die unbestimmten Artikel lauten vor männlichen Hauptwörtern un: un fils *(ein Sohn)* und vor weiblichen une: une fille *(eine Tochter)*, in der Mehrzahl des (keine deutsche Entsprechung): des enfants *(Kinder)*.

Exercices

1 Verständnis und Aussprache

Das Verständnis und die Aussprache sind das A und O jeder Sprache. ▶ 11
Bitte sprechen Sie die folgenden Sätze nach!

1. Tu es bien Arthur ?
2. Comment tu t'appelles ?
3. Je m'appelle Camille, et toi ?
4. Je suis allemand, de Berlin.
5. Vous avez des frères et sœurs ?
6. Je suis étudiant, j'étudie l'allemand.

2 Welches Verb passt?

Lesen Sie die Sätze aufmerksam und ergänzen Sie die fehlenden Verben.

est – m'appelle – travaille – appelez-vous – viens – êtes

1. Comment vous ______________ ?
2. Tu ______________ de Genève ?
3. Ma sœur ______________ mariée.
4. Je ______________ Olivier.
5. Je ______________ dans un bureau.
6. Vous ______________ en France ?

3 Hören und verstehen

Hören Sie sich aufmerksam den Dialog an und entscheiden Sie sich für die richtigen Antworten auf die Fragen. ▶ 12

1. Jean vient de Nice ?	a. Oui, il vient de Nice.
	b. Non, il vient de Lille.
2. Anne présente un ami ?	a. Oui, elle présente un ami.
	b. Non, elle présente une amie.
3. Susanne est belge ?	a. Non, elle est française.
	b. Non, elle est suisse.
4. Elle est en vacances ?	a. Non, elle travaille.
	b. Oui, elle est en vacances.

4 Können Sie's zuordnen?

Ordnen Sie den deutschen Sätzen ihre französischen Entsprechungen zu.

1. Also bis bald ...	a. Comment tu t'appelles ?
2. Warum bist du in Paris?	b. Vous êtes professeur ?
3. Wie heißt du?	c. Alors, à bientôt ...
4. Sind Sie Lehrer?	d. Et toi, qu'est-ce que tu fais ?
5. Und was machst du?	e. Pourquoi es-tu à Paris ?

5 Berufe raten

Suchen Sie sich aus der Liste auf Seite 20 einen Beruf aus. Ihr Nachbar soll ihn nach dem folgenden Gesprächsmuster erraten.

- Salut, Günter, tu es/vous êtes bien ingénieur ?
- Non, je ne suis pas ingénieur.
- Tu es/Vous êtes journaliste ?
- Non, je suis représentant. Et toi/vous ? ...

L'essentiel d'un coup d'œil

Berufe ▶ 13

avocat/e
Anwalt/Anwältin

architecte
Architekt/in

médecin
Arzt/Ärztin

secrétaire
Sekretär/in

employé/e
Angestellter/e

professeur
Lehrer/in

femme au foyer
Hausfrau

vendeur/-euse
Verkäufer/in

informaticien/ne
Informatiker/in

ouvrier/-ière
Arbeiter/in

entrepreneur/-euse
Unternehmer/in

commerçant/e
Händler/in

ingénieur
Ingenieur/in

représentant/e
Vertreter/in

Herkunft und Nationalität

Vous êtes français/e ?	Sind Sie Franzose/Französin?
Tu es français/e ?	Bist du Franzose/Französin?
Non, je suis allemand/e.	Nein, ich bin Deutscher/Deutsche.
D'où êtes-vous ?	Woher sind Sie?
D'où es-tu ?	Woher bist du?
D'où venez-vous ?	Woher kommen Sie?
D'où viens-tu ?	Woher kommst du?
Je suis de ...	Ich bin aus ...
Je viens de ...	Ich komme aus ...
J'habite à ...	Ich wohne in ...

Beruf

Qu'est-ce que vous faites ?	Was sind Sie von Beruf?
Qu'est-ce que tu fais ?	Was bist du von Beruf?
Je suis ...	Ich bin ...
Je travaille ...	Ich arbeite ...
dans une banque	bei einer Bank
dans un bureau	in einem Büro
dans une assurance	bei einer Versicherung
dans un magasin	in einem Geschäft

Familienstand

Vous êtes marié/e ?	Sind Sie verheiratet?
Es-tu marié/e ?	Bist du verheiratet?
Je suis ...	Ich bin ...
marié/e	verheiratet
divorcé/e	geschieden
séparé/e	getrennt
fiancé/e	verlobt

Name

Comment vous appelez-vous ?	Wie heißen Sie?
Comment t'appelles-tu ?	Wie heißt du?
Je m'appelle ...	Ich heiße ...
Comment s'appelle ... ?	Wie heißt ...?
votre mari	Ihr Ehemann
votre femme	Ihre Ehefrau

Alter

Quel âge avez-vous ?	Wie alt sind Sie?
Quel âge as-tu ?	Wie alt bist du?
J'ai 20 (vingt) ans.	Ich bin 20.

Was mir sonst noch wichtig ist

2

FAMILLE

Est-ce que vous le saviez ?

À la différence des autres pays européens, les Françaises ont en moyenne deux enfants, mais le taux de naissance diminue. Le mariage n'est plus à la mode, on compte juste 235 000 mariages par an (en comparaison, il y en avait 430 000 en 1950 avec une plus petite population). De plus en plus de couples deviennent parents sans être mariés et on compte environ plus d'un million de parents célibataires (famille monoparentale). Pas étonnant que les grands-parents servent de babysitteur ou qu'ils s'occupent des enfants durant les grandes vacances (deux mois en France). La mobilité augmente aussi en France et les enfants quittent souvent la maison familiale au début de leurs études. Alors qu'autrefois le déjeuner du dimanche chez les parents était de tradition, les jeunes étudient ou travaillent dans des villes loin des parents. Donc les occasions de voir le grand-père ou la grand-mère, l'oncle ou la tante sont de plus en plus rares et se limitent seulement à des occasions spéciales.

PARIS – LA VILLE LUMIÈRE

À ne pas manquer !

En dehors de l'agitation touristique à la *tour Eiffel* ou au *Louvre*, vous voulez peut-être savoir où vont les Parisiens pour passer une soirée d'été ou commencer le weekend. Toujours agréable est le petit quartier de *la rue Mouffetard* ou encore les petites rues près du *canal Saint-Martin* avec ses restaurants et bistros. Où peut-on aller se détendre ? L'endroit où l'on peut vraiment ressentir le flair français se trouve dans le *jardin du Luxembourg* vers le soir lorsque le soleil rougit tous les alentours. C'est vraiment *simplement fantastique !*

Bon appétit ! – Spécialités régionales

Sans aucun doute, Paris est un épicentre lorsqu'il s'agit de bien manger en France. La cuisine parisienne est influencée par toutes les régions du pays. C'est pourquoi la ville est particulièrement adaptée pour faire un petit voyage gastronomique à travers les différentes spécialités françaises, par exemple, dans les brasseries qui proposent le midi des menus à des prix raisonnables. On dit que l'on trouve dans la capitale les meilleures *baguettes*, les meilleurs *croissants* et *pains au chocolat* du pays que l'on déguste au petit déjeuner avec de la confiture et une tasse de café. Ce qui est très parisien, et pour vous mettre en appétit, ce sont les petites spécialités culinaires, proposées par les *traiteurs* (épiceries fines avec service de réception) ainsi que les délicieux gâteaux et tartelettes des *pâtisseries* que l'on trouve partout.

Les bons tuyaux

Si vous en avez assez du stress des visites touristiques, il est conseillé de faire une visite au marché aux puces et aux antiquités de la *Porte de Clignancourt* (samedi, dimanche et lundi). Ou bien que pensez-vous de faire un tour de ville dans le quartier de *Belleville*, le centre multiculturel à l'est de la ville, dans le quartier africain-arabe du *boulevard Barbès*, sur les marchés africains de *Château Rouge* ou encore dans le quartier chinois situé autour de la station de métro *Tolbiac* ?

3

Unterwegs – En route

Unterwegs vor Ort?

Wer durch Frankreich reist, sollte ein Gefühl dafür haben, wo die wichtigsten Städte des Landes liegen. Finden Sie die folgenden auf unserer Karte?

1. Bordeaux
2. Brest
3. Dijon
4. Lyon
5. Le Havre
6. Nancy
7. Nantes
8. Paris
9. Strasbourg
10. Toulouse

Was Sie in dieser Lektion lernen:
- wie man nach der Uhrzeit fragt.
- wie man die Uhrzeit angibt.
- wie man fragt, wann man ankommt und wo man umsteigen muss.
- wie man nach dem Weg fragt.
- wie man fragt, welches Verkehrsmittel man nehmen muss.

SNCF

Die **Société nationale des chemins de fer français (SNCF)** ist die staatliche Eisenbahngesellschaft Frankreichs. Sie betreibt ein etwa 32.000 km großes Streckennetz. Der **Train à grande vitesse**, kurz **TGV**, ist der wichtigste Hochgeschwindigkeitszug des Landes.

Uhrzeit
Quelle heure est-il ?
Wie viel Uhr ist es?
À quelle heure part le train ?
Wann fährt der Zug ab?
À quelle heure arrive le train ?
Wann kommt der Zug an?
À une heure.
Um 1 (Uhr).
À deux/trois/quatre/... heures.
Um 2/3/4/... (Uhr).
À six heures et quart.
Um Viertel nach 6.
À six heures et demie.
Um halb 7.
À sept heures moins le quart
Um Viertel vor 7.

Orientierung
Quel est cet arrêt ?
Welcher Halt ist das?
Où sommes-nous ?
Wo sind wir?
Nous sommes à ...
Wir sind in ...
Où va ce train ?
Wohin fährt dieser Zug?
C'est le prochain arrêt.
Es ist der nächste Halt.

Aussprache
Sprechen Sie den Nasallaut on bzw. ons wie in „Bonbon".

Quelle heure est-il ?

Hören Sie den Dialog und setzen Sie die fehlenden Städtenamen ein. ▶ 14

Dijon – Dijon – Lyon – Lyon – Strasbourg

- ● Excusez-moi, quelle heure est-il ?
- ■ Il est trois heures et demie.
- ● Savez-vous à quelle heure nous arrivons à ______________ ?
- ■ Mais ce train ne va pas à Dijon !
- ● Comment ?
- ■ Pour Dijon, vous devez changer à ______________ et prendre le train pour ______________ . Lyon est le prochain arrêt.
- ● Et quand arrivons-nous ?
- ■ Je ne sais pas ... Demandons au contrôleur.
- ▲ Vos billets, s'il vous plait !
- ● Voilà. Excusez-moi, mais à quelle heure arrivons-nous à ______________ ?
- ▲ Nous avons dix minutes de retard, nous arrivons vers quatre heures. Le train pour ______________ part à quatre heures et quart de la voie douze.
- ● Ah très bien. Merci beaucoup.
- ▲ De rien, bon voyage !

Worauf es ankommt

Bitte
Siezt man sein Gegenüber, sagt man s'il vous plait: Les billets, s'il vous plait. *(Die Fahrkarten, bitte.)* Zu jemandem, den man duzt, sagt man hingegen s'il te plait.

Zahlen 0–12
zéro *(0)*, un *(1)*, deux *(2)*, trois *(3)*, quatre *(4)*, cinq *(5)*, six *(6)*, sept *(7)*, huit *(8)*, neuf *(9)*, dix *(10)*, onze *(11)*, douze *(12)*

Uhrzeit
Il est ... *(Es ist ...)*, z. B. Il est sept heures. *(Es ist 7 Uhr.)*, Il est sept heures dix. *(Es ist 10 nach 7.)*, Il est sept heures moins dix. *(Es ist 10 vor 7.)*, Il est six heures et demie. *(Es ist halb 7.)*, Il est sept heures et quart. *(Es ist Viertel nach 7.)*, Il est sept heures moins le quart. *(Es ist Viertel vor 7.)* Außerdem: Il est midi. *(Es ist Mittag.)* und Il est minuit. *(Es ist Mitternacht.)*

Ein bisschen Grammatik

Verben in der 1. Person Mehrzahl enden im Präsens (Gegenwart) auf -ons: nous arrivons *(wir kommen an)*, nous avons *(wir haben)*, nous demandons *(wir fragen)*. Für die 3. Person Einzahl gibt es bekanntlich verschiedene Endungen: il/elle arrive *(er/sie kommt an)*, il/elle part *(er/sie fährt ab)*.

Exercices

1 Verständnis und Aussprache

Sprechen Sie bitte diese Sätze nach! Das Verständnis macht Ihnen sicher keine Probleme. ▶ 15

1. Excusez-moi, quelle heure est-il ?
2. Il est six heures et demie.
3. Quand arrivons-nous à Paris ?
4. Le train pour Dijon part de la voie six.

2 Welche Verben passen?

Oh je, hier fehlt doch was! Lesen Sie die Sätze und ergänzen Sie die fehlenden Verben.

devez – avons – part – arrivons – va – demandons

1. Nous ________________ dix minutes de retard.
2. À quelle heure ________________-nous ?
3. Ce train ne ________________ pas à Marseille.
4. Vous ________________ changer à Lyon.
5. Nous ________________ au contrôleur.
6. Le train pour Dijon ________________ à quatre heures.

3 Rechnen auf Französisch?

Halb so wild, man muss sich dazu nur die Wörter plus (+), moins (–) und égalent (=) merken. Dann mal los in Zweiergruppen, jeweils abwechselnd.

1. 9 – 3 *Neuf moins trois égalent six.*
2. 7 + 2 ________________
3. 12 – 9 ________________
4. 8 + 3 ________________
5. 5 – 4 ________________
6. 1 + 6 ________________

4 Wer hat an der Uhr gedreht?

Setzen Sie die angeführten Uhrzeiten in den Beispielsatz ein.
Bitte als Frage-Antwort-Spiel mit dem Nachbarn!

Quelle heure est-il ?

1. 3h30 *Il est trois heures et demie.*
2. 7h15 ________________
3. 4h45 ________________
4. 5h ________________
5. 12h ________________
6. 1h30 ________________

5 Bitte nachspielen

Spielen Sie das Gespräch zwischen dem Fahrgast und dem Kontrolleur in Zweiergruppen nach. Die gefetteten Wörter können ausgetauscht werden. Orientieren Sie sich anhand der Karte auf Seite 23 und erfinden Sie Uhrzeiten.

- ■ Vos billets, s'il vous plait !
- ● Voilà. Excusez-moi, mais à quelle heure arrivons-nous à **Rennes** ?
- ■ À **deux heures et demie.**
- ● Excusez-moi, je dois changer à **Tours** ?
- ■ Oui, vous devez changer à **Tours.** / Non, vous devez changer à **Le Mans.**
- ● À quelle heure nous arrivons à **Le Mans** ?
- ■ **À une heure.**
- ● Ah très bien. Merci.

Nach den Weg fragen
Où est/se trouve … ?
Wo ist/befindet sich …?

l'arrêt de l'autobus
die Bushaltestelle

la station de taxis
der Taxistand

le métro
die U-Bahn

l'office du tourisme
die Touristeninformation

Wo genau?
C'est ici.
Es ist hier.

C'est en face.
Es ist gegenüber.

C'est à côté.
Es ist in der Nähe/nebenan.

C'est là.
Es ist dort.

C'est un peu loin.
Es ist recht weit.

Vous devez prendre …
Sie müssen … nehmen.

Vous devez traverser …
Sie müssen … überqueren.

Vous devez descendre à …
Sie müssen in … aussteigen.

Vous devez changer à …
Sie müssen in … umsteigen.

Auf und zu
C'est ouvert.
Es ist geöffnet.

C'est fermé.
Es ist geschlossen.

Aussprache
é und die Endungen -ez und -er werden alle wie ee in „See" ausgesprochen.

C'est loin ?

Hören Sie den Dialog. Welches Verkehrsmittel nimmt die Frau am Ende? ▶ 16

- ● Excusez-moi, où se trouve l'office du tourisme ?
- ■ Ici, en face, mais il est fermé aujourd'hui. Vous pouvez essayer place de la Gare.
- ● C'est loin ?
- ■ Non, non, c'est à côté. Vous pouvez y aller à pied.
- ● Mais j'ai des valises …
- ■ Alors, vous pouvez prendre l'autobus. Le 12. Vous pouvez acheter le billet là, vous voyez ?
- ● Et où se trouve l'arrêt ?
- ■ Alors, vous devez traverser la place et puis …
- ● Non, non, excusez-moi, ça ne fait rien. Je prends un taxi. Où se trouve la station ?
- ■ Ah, c'est en face, vous voyez ?
- ● Très bien. Merci et au revoir.

Worauf es ankommt

Wo ist …?
Man fragt: Où est …? *(Wo ist …?)*, z. B. Où est l'autobus pour Nice ? *(Wo ist der Bus nach Nizza?)*
Alternativ kann man fragen: Où se trouve … ? *(Wo befindet sich …?)*

Hier und da
ici *(hier[her])*, là *(da[hin], dort[hin])*, en face *(gegenüber)*

Ein bisschen Grammatik

In diesem Dialog kommen einige wichtige (unregelmäßige) Verben vor:

vous devez	Sie müssen, ihr müsst
vous pouvez	Sie können/dürfen, ihr könnt/dürft
vous voyez	Sie sehen, ihr seht

Merken Sie sich auch:

je dois	ich muss
je peux	ich kann/darf

Etwas mehr Grammatik

Die Grundform der Verben endet meist auf -er, -ir, -ire, -oir oder -(d)re, z. B.: aller *(gehen)*, partir *(abfahren)*, dire *(sagen)*, pouvoir *(können, dürfen)*, devoir *(müssen, sollen)*, voir *(sehen)*, prendre *(nehmen)*.

Exercices

1 Verständnis und Aussprache

Verstehen Sie diese Sätze? Dann bitte einfach mal nachsprechen! ▶ 17

1. La place de la Gare est à côté.
2. Vous pouvez y aller à pied.
3. Où se trouve la station de métro ?
4. Vous devez traverser la place.
5. C'est en face, vous voyez ?

2 Ordnung ist die halbe Übung!

Dieser Dialog ist durcheinandergeraten. Können Sie ihn wieder richtig ordnen? Danach bitte zu zweit lesen.

___ Alors, vous pouvez prendre un taxi.
___ Non, c'est à côté. Vous pouvez aller à pied.
___ Mais, j'ai des valises ...
_1_ Excusez-moi, l'office du tourisme est loin ?
___ Très bien.

3 Hören und verstehen

Hören Sie sich aufmerksam den Dialog an und entscheiden Sie sich für die richtige Ergänzung der Aussage bzw. für die richtigen Antworten auf die Fragen. ▶ 18

1. Pierre cherche ...	a. l'office du tourisme
	b. la station de taxis
2. C'est loin ?	a. Oui, c'est loin.
	b. Non, c'est à côté.
3. Il est quelle heure ?	a. Il est cinq heures et quart.
	b. Il est cinq heures et demie.

il/elle cherche = er/sie sucht
s'inquiéter = sich Sorgen machen

4 Bitte vervollständigen

Setzen Sie die vorgegebenen Wörter in den Mustersatz ein. Ach übrigens: là-haut heißt „hinauf" und die Verkehrsmittel finden Sie auf Seite 28.

Pour aller **là**, vous devez prendre **le train**.

1. là – le tram ______________________
2. à la gare – un taxi ______________________
3. là-haut – le funiculaire ______________________
4. à Marseille – l'autobus ______________________
5. à la Bastille – le métro ______________________
6. à Lille – le train ______________________

5 Bitte erklären

Führen Sie mit einem Kursteilnehmer ein Gespräch nach diesem Muster.

■ Excusez-moi, où est **l'office du tourisme** ?
● C'est sur la **place de la République.**
■ C'est loin ?
● **Oui, c'est loin. / Non, c'est à côté.**
■ Très bien. Merci et au revoir ...

a. l'office du tourisme
b. l'arrêt de l'autobus
c. la station de taxis
d. le métro

L'essentiel d'un coup d'œil

Wichtige Ausdrücke ▶ 19

Merci beaucoup.
Vielen Dank.

De rien.
Keine Ursache.

Ça ne fait rien !
Das macht nichts!

Was man so sucht

l'arrêt du bus
die Bushaltestelle

la station de taxis
der Taxistand

l'office du tourisme
die Touristeninformation

la salle d'attente
das Wartezimmer

Verkehrsmittel

le métro
die U-Bahn

le taxi
das Taxi

l'autobus/le bus
der Bus

le tram
die Straßenbahn

le funiculaire
die Schienenseilbahn

Im Zug

C'est quelle gare/quel arrêt ?	Welcher Bahnhof/Halt ist das?
Où sommes-nous ?	Wo sind wir?
Est-ce que ce train s'arrête à ... ?	Hält dieser Zug in ...?
Et quand arrivons-nous à ... ?	Und wann kommen wir in ... an?
Dans trois heures.	In drei Stunden.
Le train est à l'heure.	Der Zug ist pünktlich.
Le train est en retard.	Der Zug hat Verspätung.
Nous avons dix minutes de retard.	Wir haben zehn Minuten Verspätung.

Bahnhof

Quel train je dois prendre pour ... ?	Welchen Zug muss ich nach ... nehmen?
De quelle voie part le train pour ... ?	Von welchem Gleis fährt der Zug nach ... ab?
Il part de la voie cinq.	Er fährt von Gleis fünf ab.

Uhrzeit

Quelle heure est-il ?	Wie viel Uhr ist es?/Wie spät ist es?
Il est une heure.	Es ist ein Uhr.
Il est midi/minuit.	Es ist Mittags./Mitternacht.
Il est deux/trois/quatre/... heures.	Es ist 2/3/4/... (Uhr).
À quelle heure part le train ?	Um wie viel Uhr fährt der Zug ab?
À quelle heure arrive le train ?	Um wie viel Uhr kommt der Zug an?
À une heure.	Um 1 (Uhr).
À midi/minuit.	Mittags./Um Mitternacht.
À deux/trois/quatre/... heures.	Um 2/3/4/... (Uhr).
À six heures et quart.	Um Viertel nach 6.
À six heures et demie.	Um halb 7.
À sept heures moins le quart.	Um Viertel vor 7.

Nach dem Weg fragen

Excusez-moi, où est ... ?	Verzeihung, wo ist ...?
Excusez-moi, où se trouve ... ?	Verzeihung, wo befindet sich ...?
C'est là, vous voyez ?	Es ist dort, sehen Sie?
C'est un peu loin.	Es ist recht weit.
Vous devez prendre ...	Sie müssen ... nehmen.
Vous devez descendre à ...	Sie müssen in ... aussteigen.
Vous devez changer à ...	Sie müssen in ... umsteigen.

Was mir sonst noch wichtig ist

TRANSPORTS

Est-ce que vous le saviez ?

On achète normalement les tickets de métro aux distributeurs ou aux guichets directement dans les stations. Dans le bus on les achète auprès du chauffeur. Il faut ensuite le composter avant le trajet. Si vous n'êtes pas sûr, demandez tout simplement : *« Est-ce que je dois composter le billet ? »* Dans de nombreuses villes, il existe des « Citypass » valable pour plusieurs jours, ils vous offrent en plus des trajets gratuits, des réductions dans les musées ou autres attractions.

Et à travers le pays ?

Voyager en train en France est pratique et relativement bon marché (en réservant à l'avance, vous obtenez une réduction). Pour les grandes distances, les vols intérieurs offrent une bonne alternative car il existe souvent en France des offres pas chères. Pour les horaires de départ des trains, des avions, des ferries, on donne toujours l'heure précise : *Le train part à 15h25 (quinze heures vingt-cinq).*

À pied !

En route il n'est pas toujours nécessaire d'être motorisé… La France est un paradis pour les marcheurs et les randonneurs. *La Fédération française de la randonnée pédestre (FFRP)*, qui regroupe plus de 3 000 associations de randonneurs, peut vous aider dans le choix de l'itinéraire. La fédération publie des cartes comprenant plus de 100 000 km *d'itinéraires de promenades et de randonnées* ainsi qu'environ 65 000 km de *sentiers de grande randonnée (GR)*. Alors allez-y ! Plus d'informations sur www.ffrandonnee.fr.

CÔTE D'AZUR & PROVENCE – LE CHARME DU SUD

À ne pas manquer !

Qui ne pense pas au soleil et à la mer lorsque l'on parle de *la Côte d'Azur* et de *la Provence*, à ce charme si particulier qui a inspiré tellement de peintres et d'écrivains, aux célébrités internationales et aux merveilleux champs de lavande en fleur ? Aucune autre région de France n'attire autant de vacanciers que la côte située entre *Saint-Tropez*, *Cannes*, *Antibes Juan-Les Pins* et la principauté de *Monaco*. Cependant, dans un voyage en Provence, il ne faut absolument pas manquer l'arrière-pays autour de *Grasse* et les villages « perchés » dans les montagnes au-dessus de la mer comme *Eze*, *Gourdon* ou *Saint-Paul*.

Bon appétit ! – Spécialités régionales

Le plat le plus connu de la cuisine provençale est la *bouillabaisse*, une soupe de poissons dans laquelle les poissons et les légumes sont retirés du bouillon et servis à part. Et puis, ça vaut aussi la peine de gouter des plats comme le *loup de mer en croute de sel* ou la *daube de bœuf à la provençale*. Si vous préférez des plats sans viande, c'est ici le pays de la *ratatouille* (mélange de courgettes, aubergines, tomates, etc.) Et que boit-on avec ça ? Les vins de *Côtes du Rhône* et des *Côtes de Provence* sont connus au-delà des frontières françaises, mais la boisson préférée de la région est peut-être *le pastis* à base d'anis que l'on boit dilué dans de l'eau glacée.

Les bons tuyaux

Marseille, la métropole méditerranéenne, est encore assez peu visitée par les touristes. Pourtant la deuxième grande ville de France est très vivante et historiquement très intéressante. Ne ratez surtout pas une promenade sur *le Vieux port* ainsi que dans le tout proche *Quartier du Panier* au flair nord-africain. De là, on a une vue de rêve sur la superbe église *Notre-Dame de la Garde*.

4

Ein Zimmer suchen – Chercher une chambre

Die richtige Unterkunft gefunden?

Können Sie sich unter den folgenden Übernachtungsmöglichkeiten etwas vorstellen? Wenn nicht, finden Sie auf Seite 37 mehr Informationen dazu.

1. la résidence de tourisme
2. le gite rural
3. le camping
4. l'hôtel
5. la pension
6. l'auberge de jeunesse

Was Sie in dieser Lektion lernen:
- wie man eine Unterkunft sucht.
- wie man das Datum angibt.
- wie man ein Telefongespräch führt.
- wie man ein Hotelzimmer reserviert.

Destination France
Hierzulande informieren die staatlichen französischen Fremdenverkehrsämter **Maison de la France** (de.france.fr/de).

Vor Ort
Jede Region Frankreichs hat ihre eigenen Tourismusorganisationen, die Informationsbüros betreiben, Broschüren und Karten herausgeben, Führungen organisieren sowie Unterkünfte vermitteln.

Hotelsuche
Je cherche un hôtel.
Ich suche ein Hotel.

Avec combien d'étoiles ?
Mit wie vielen Sternen?

Pouvez-vous me donner ... ?
Können Sie mir ... geben?

le numéro de téléphone
die Telefonnummer

l'adresse
die Adresse

Datum
Pour quand ?
Für wann?

Pour le premier octobre.
Für den 1. Oktober.

Pour le cinq aout.
Für den 5. August.

Du ... au ...
Vom ... bis (zum) ...

Was für ein Zimmer?
Je voudrais réserver ...
Ich möchte ... reservieren.

une chambre double
ein Doppelzimmer

une chambre individuelle
ein Einzelzimmer

Combien ça coute ?
Wie viel kostet es?

Ça coute ... euros la nuit.
Es kostet ... Euro pro Nacht.

Aussprache
Die zusammengesetzten Selbstlaute werden so ausgesprochen: au und eau wie o in „Floh", eu wie ö in „Friseur", oi bzw. oy wie oa in „Oase" und ou wie u in „Tourist". Das -s am Ende eines Wortes wird meist nicht gesprochen, jour (Tag) und jours (Tage) klingen identisch. Die Mehrzahlform ist also nur am Begleiter oder an der Verbform zu erkennen.

Je cherche un hôtel.

Hören Sie den Dialog und setzen Sie die fehlenden Ausdrücke ein. ▶ 20

chambre double – coute – hôtel – la nuit

- Bonsoir, Monsieur, je peux vous aider ?
- Oui, je cherche un __________ ici à Lyon.
- Pour quand ?
- À partir d'aujourd'hui pour trois nuits.
- Alors du 12 au 15 juillet. Avec combien d'étoiles ?
- Trois.
- Vous voulez une chambre individuelle ou une __________ ?
- Une chambre double.
- Alors ... Vous avez l'hôtel Victor Hugo. La chambre double __________ 120 euros la nuit.
- Mh, c'est un peu cher ...
- Autrement, vous avez l'hôtel de la Poste, à 80 euros __________.
- C'est au centre ?
- Oui, oui. C'est près de la place Bellecour.
- Parfait ! Vous pouvez me donner le numéro de téléphone ?
- Bien sûr : 04 78 25 21 15.

Worauf es ankommt

Zahlen 13 – 100
treize *(13)*, quatorze *(14)*, quinze *(15)*, seize *(16)*, dix-sept *(17)*, dix-huit *(18)*, dix-neuf *(19)*, vingt *(20)*, vingt-et-un *(21)*, vingt-deux *(22)*, trente *(30)*, quarante *(40)*, cinquante *(50)*, soixante *(60)*, soixante-dix *(70)*, quatre-vingt *(80)*, quatre-vingt-dix *(90)*, cent *(100)*. Das Datum wird mit den Grundzahlen angegeben: le deux/trois/... juin *(der 2./3./... Juni)*, nur für den ersten Tag des Monats wird die Ordnungszahl premier/1er *(erster = 1.)* verwendet: le premier/1er mai *(der 1. Mai)*.

Monate
janvier *(Januar)*, février *(Februar)*, mars *(März)*, avril *(April)*, mai *(Mai)*, juin *(Juni)*, juillet *(Juli)*, aout *(August)*, septembre *(September)*, octobre *(Oktober)*, novembre *(November)*, décembre *(Dezember)*

Ein bisschen Grammatik

Die Mehrzahl bildet man meist durch Anhängen von -s an die Einzahlform: le jour *(der Tag)* → les jours *(die Tage)*. Hauptwörter auf -s sind unveränderlich: le Français *(der Franzose)* → les Français *(die Franzosen)*. Wörter auf -eau oder -al enden in der Mehrzahl auf -(e)aux: le bureau *(das Büro)* → les bureaux *(die Büros)*, le journal *(die Zeitung)* → les journaux *(die Zeitungen)*.

Exercices

1 Verständnis und Aussprache

Erst die Sätze verstehen und dann ganz einfach nachsprechen, bitte! ▶ 21

1. Je cherche un hôtel ici à Nantes.
2. Très bien. Et pour quand ?
3. Je voudrais une chambre du 21 au 23 mai.
4. Il y a un hôtel quatre étoiles ici ?
5. Oui, l'hôtel La Résidence au centre.
6. Mais c'est un peu cher, ça coute 100 euros la nuit.

il y a = es gibt

2 Einzahl und Mehrzahl

Wie wird die Mehrzahlform der folgenden Hauptwörter gebildet?

1. la chambre ____________
2. le jour ____________
3. la nuit ____________
4. l'hôtel ____________
5. le Français ____________
6. l'Allemande ____________
7. la réservation ____________
8. l'hôpital ____________
9. le bureau ____________
10. l'heure ____________
11. le journal ____________
12. l'euro ____________

hôpital (m) = Krankenhaus
Der Artikel ist in der Mehrzahl immer les!

3 Die lieben Zahlen

Setzen Sie die vorgegebenen Zahlen in den Mustersatz ein. Bei den Kombinationen aus Einern und Zehnern helfen die Seitenzahlen.

Combien coute l'hôtel ? – Ça coute **quatre-vingt** euros la nuit.

1. 95 ____________
2. 70 ____________
3. 49 ____________
4. 84 ____________
5. 32 ____________
6. 51 ____________

4 Was gehört wohin?

Vervollständigen Sie die Sätze mit den dazugehörigen Wörtern. Halb so schlimm, oder?

donner – combien – cher – centre – individuelle – hôtel

1. Je cherche un ____________ pour trois nuits.
2. Vous voulez une chambre ____________ ou double ?
3. Mais pour ____________ de nuits ?
4. L'hôtel n'est pas dans le ____________ ?
5. Vous pouvez me ____________ le numéro ?
6. Malheureusement, c'est un peu ____________.

malheureusement = leider

5 Telefonitis

Jeder Kursteilnehmer sagt seine Telefonnummer (auf Französisch übrigens immer zweistellig!), die anderen schreiben sie auf und vergleichen danach.

- ■ Mon numéro de téléphone c'est le ... Et ton numéro ?
- ● Mon numéro de téléphone c'est le ...

Am Telefon
Allo ?
Hallo?
Allo, qui est à l'appareil ?
Hallo, wer ist am Apparat?
Allo, c'est bien l'hôtel Bellevue ?
Hallo, Hotel Bellevue?
Je n'ai pas compris.
Ich habe nicht verstanden.
Je ne parle pas bien le français.
Ich spreche nicht gut Französisch.

Wann genau?
Avez-vous une chambre libre ... ?
Haben Sie ein freies Zimmer ...?
pour le quinze mars
für den 15. März
du deux au six avril
vom 2. bis 6. April

Bestätigung
Vous pouvez m'envoyer une confirmation ?
Können Sie mir eine Bestätigung schicken?
par e-mail
per E-Mail
Mon numéro de téléphone est le ...
Meine Telefonnummer ist ...
Mon numéro de portable est le ...
Meine Handynummer ist ...
Mon adresse e-mail est ...
Meine E-Mail-Adresse ist ...

Sonderzeichen
Die Buchstaben î, ô und û werden grundsätzlich wie i, o (lang wie in „Ohr") und ü gesprochen.
ï und ë werden einzeln wie i und e gesprochen.
Das ç entspricht immer ss in „dass".

Je voudrais réserver une chambre.

Hören Sie den Dialog. Für wie viele Nächte möchte der Gast das Zimmer reservieren? ▶ 22

- Allo, hôtel du Centre, bonsoir.
- Bonsoir, je voudrais réserver une chambre double à partir du 15 aout.
- Pour combien de nuits ?
- Trois, jusqu'au 18.
- Je regarde ... Très bien, pas de problème. À quel nom ?
- Dantec.
- Vous pouvez épeler, s'il vous plait ?
- D comme Dominique, A comme Albert, N comme Noël, T comme Théophile, E comme Elisabeth, C comme Christophe.
- Dantec. Parfait.
- Vous pouvez m'envoyer une confirmation par e-mail ? Mon adresse est dantec345@happymail.fr.
- Oui, bien sûr.
- Merci beaucoup. Au revoir et à jeudi.

Worauf es ankommt

Richtig schreiben
Man fragt: Comment ça s'écrit, s'il vous plait ? *(Wie schreibt man das, bitte?)* oder Vous pouvez épeler ? *(Können Sie das/es buchstabieren?)* Die Antwort lautet: Ça s'écrit ... *(Es schreibt sich ...)*

Buchstabieren
A [a] – Albert, *B* [be] – Béatrice, *C* [se] – Christophe, *D* [de] – Dominique, *E* [ö] – Elisabeth, *F* [äf] – Fabien, *G* [sch*e] – Gaétan, *H* [asch] – Hubert, *I* [i] – Isabelle, *J* [sch*i] – Jeanne, *K* [ka] – Karine, *L* [äl] – Louis, *M* [äm] – Monique, *N* [än] – Noël, *O* [o] – Olivier, *P* [pe] – Paul, *Q* [kü] – Quentin, *R* [är] – Robert, *S* [äs] – Sylvaine, *T* [te] – Théophile, *U* [ü] – Ursule, *V* [we] – Vincent, *W* [dublöwe] – Willy, *X* [iks] – Xavier, *Y* [igräk] – Yann, *Z* [säd] – Zoé; ä, ö, ü = a, o, u avec tréma und das @ nennt sich arobase. (sch* = stimmhaftes sch wie in „Garage")

Ein bisschen Grammatik

Satzstellung: Das Objekt *(Ergänzung)* steht in der Regel nach dem Verb, z. B. Je voudrais réserver **une chambre**. *(Ich möchte gerne **ein Zimmer** reservieren.)* Die Modalverben devoir *(müssen, sollen)*, vouloir *(wollen, möchten)* und pouvoir *(können)* stehen wie im Deutschen vor dem Hauptverb: Vous pouvez m'envoyer une confirmation ? *(Können Sie mir eine Bestätigung schicken?)*

Exercices

1 Verständnis und Aussprache

Verstehen Sie diese Sätze? Dann sprechen Sie sie bitte nach! ▶ 23

1. J'aimerais réserver une chambre.
2. Pour combien de nuits ?
3. Quel est votre numéro de téléphone ?
4. Vous pouvez épeler, s'il vous plait ?
5. Quelle est votre adresse e-mail ?

j'aimerais = ich würde gerne
Quel/Quelle est ...? =
Welche/r ist ...? / Was ist ...?

2 Buchstabieren Sie

Buchstabieren Sie die folgenden Namen, Ihr Tischnachbar soll sie aufschreiben (nicht ins Buch schauen!).

1. Heidemarie Müllermann
2. Joachim Leimadscher
3. Xaver Gottliebsohn
4. Zenzi Tigerlilly
5. Wolfgang Hinkefuss
6. Eberhardt Runkelknall
7. Carlitos Nachos
8. Dschingis Khanowski

3 Zimmer buchen

Setzen Sie bitte jeweils das vorgegebene Datum in den Mustersatz ein. Das Datum wird im Französischen meist mit Schrägstrich geschrieben.

Je voudrais réserver une chambre du **10** au **16 juin**.

1. 15 – 18/6 ______________________
2. 9 – 11/12 ______________________
3. 17 – 20/4 ______________________
4. 25 – 27/10 ______________________
5. 13 – 14/2 ______________________
6. 21 – 29/7 ______________________

4 Hören und verstehen

Hören Sie sich den Dialog an und beantworten Sie dazu die Fragen bzw. ergänzen Sie die Aussagen. ▶ 24

1. Monsieur Leblond cherche ... a. une chambre
   b. deux chambres
2. Pour combien de nuits ? a. Pour deux nuits.
   b. Pour quatre nuits.
3. La chambre coute combien ? a. Elle coute 90 euros.
   b. Elle coute 80 euros.
4. Il voudrait la confirmation ... a. par e-mail
   b. par fax

il/elle voudrait =
er/sie möchte (gerne)

5 Bitte reservieren Sie

Schreiben Sie nach dem Muster auf Seite 37 eine E-Mail an ein Hotel und reservieren Sie ein Zimmer.

Madame, Monsieur,
J'aimerais réserver une chambre ...

L'essentiel d'un coup d'œil

Wichtiges! ▶ 25

Très bien !
Alles klar!

alors/donc
also/nun

parfait
großartig/perfekt

certainement
sicher

Wohnung, Ferienhaus

Je voudrais louer ...
Ich würde gerne ... mieten.

un appartement
eine Wohnung

une maison de vacances
ein Ferienhaus

In der Nähe

Il y a ... ?
Gibt es ...?

un parking
einen Parkplatz

un supermarché
einen Supermarkt

un restaurant
ein Restaurant

un bar
eine Kneipe

une plage
einen Strand

Hotelsuche	
Je cherche un hôtel.	Ich suche ein Hotel.
Je cherche une pension.	Ich suche eine Pension.
Vous pouvez me donner ... ?	Können Sie mir ... geben?
le numéro de téléphone	die Telefonnummer
Pour combien de personnes ?	Für wie viele Personen?
Pour ... personnes.	Für ... Personen.
Datum	
Pour quand ?	Für wann?
Pour cette nuit.	Für diese Nacht.
Du ... au ...	Vom ... bis (zum) ...
Du trois au cinq mars.	Vom 3. bis (zum) 5. März.
Pour combien de nuits/jours ?	Für wie viele Nächte/Tage?
Pour ... nuits/jours.	Für ... Nächte/Tage.
Was für ein Zimmer?	
Je voudrais réserver ...	Ich möchte ... reservieren.
une chambre double	ein Doppelzimmer
une chambre individuelle	ein Einzelzimmer
une chambre avec un grand lit	ein Zimmer mit Doppelbett
avec des lits séparés	mit getrennten Betten
Pouvez-vous mettre un lit d'enfant, s'il vous plait ?	Können Sie bitte ein Kinderbett dazustellen?
Combien ça coute ?	Wie viel kostet es?
Ça coute ... euros par nuit.	Es kostet ... Euro pro Nacht.
Am Telefon	
Allo, qui est à l'appareil ?	Hallo, wer ist am Apparat?
Vous pouvez parler plus fort, s'il vous plait ?	Können Sie bitte lauter sprechen?
Vous pouvez parler plus lentement, s'il vous plait ?	Können Sie bitte langsamer sprechen?
Vous pouvez répéter, s'il vous plait ?	Können Sie es/das bitte wiederholen?
Je n'ai pas compris.	Ich habe nicht verstanden.
Bestätigung	
À quel nom ?	Auf welchen Namen?
Vous pouvez m'envoyer une confirmation ?	Können Sie mir eine Bestätigung schicken?
par e-mail	per E-Mail
Mon numéro de téléphone c'est le ...	Meine Telefonnummer ist ...
Mon numéro de portable c'est le ...	Meine Handynummer ist ...
Mon adresse e-mail est ...	Meine E-Mail-Adresse ist ...

Was mir sonst noch wichtig ist

LE TOURISME EN FRANCE

Est-ce que vous le saviez ?

En France, la *haute saison* est en juillet et surtout en aout. Si on ne réserve pas assez tôt, on risque de ne pas trouver de chambre. *L'avant-saison* et *l'arrière-saison* comme *la basse-saison* sont beaucoup plus agréables car de nombreux endroits offrent des tarifs spéciaux pour attirer le vacancier. On a le choix entre *l'hôtel, le gite rural* (maison de vacances à la campagne), *le village de vacances, la pension*, les *chambres d'hôtes* (dans des maisons privées), *l'auberge de jeunesse* et *le camping*. Une particularité française sont les *centres de vacances* qui, durant les vacances d'été, s'adressent particulièrement aux enfants et offrent aussi aux parents de nombreuses activités de loisirs. *L'hôtel de ville* n'offre définitivement aucune chambre car il s'agit là de la mairie.

Mais où aller ?

Si l'on ne sait pas exactement où aller en France, on peut trouver de l'aide sur le site www.chambres-hotes.fr. On y trouve de nombreuses offres d'hôtels originaux à la campagne et des pensions familiales.

Réservations

Dans la plupart des hôtels et des pensions on peut réserver à l'avance par e-mail. Voici un modèle qui donne un exemple d'e-mail.

Madame, Monsieur,

J'aimerais réserver une chambre double avec demi-pension du 25 aout au 2 septembre, si possible avec vue sur le jardin.

En attendant votre réponse, recevez toutes mes cordiales salutations

XXX

LYON – PAS SEULEMENT RÉSERVÉ AUX VRAIS GOURMETS

À ne pas manquer !

Lyon est la troisième grande ville de France et aussi une des plus diversifiée. Lors d'une promenade dans la ville située à la rencontre du *Rhône* et de la *Saône*, il faut absolument voir la *cathédrale Saint-Jean*, la *basilique Notre-Dame de Fourvière*, l'*amphithéâtre romain*, la *tour métallique de Fourvière* et l'impressionnante mairie sur la *Place des Terreaux*. Lyon est aussi une ville pleine de culture avec environ 30 musées, de nombreux théâtres comme par exemple le *théâtre de guignol* connu dans toute la France, le centre du film *Institut Lumière*. Tous ceux qui sont intéressés à la culture y trouvent leur compte.

Bon appétit ! – Spécialités régionales

De nombreux chefs de renommée internationale viennent de Lyon et ont ainsi contribué à la réputation de la ville dans toute la France comme centre important de régal culinaire. On y trouve de nombreuses spécialités typiques comme le *saladier lyonnais* (une salade composée de pieds de mouton, de filets de hareng, de foie de volaille et d'œufs durs), les *cuisses de grenouilles*, la *poularde demi-deuil*, le *coq au vin*, les *quenelles de brochet* ou encore une grande quantité de saucisses comme par exemple le *cervelas* appelé « Lyoner » en Allemagne. Pour découvrir les grands lieux de la gastronomie, il faut aller dans les *bouchons*, bistros typiques où l'on offre bien entendu le célèbre *Beaujolais*, connu dans le monde entier.

Les bons tuyaux

Les amateurs de la scène *urban art* apprécient Lyon grâce aux groupes d'artistes innovateurs qui ont immortalisé plus d'une centaine de peintures murales sur des murs ou des immeubles. De plus, à partir de 1989, Lyon est devenue la capitale mondiale de la lumière avec l'illumination d'une centaine de bâtiments et de monuments.

5

Im Hotel – À l'hôtel

Luxus pur

Welche der folgenden Gegenstände, die man üblicherweise in einem Hotelzimmer findet, können Sie auf dem Foto erkennen? Was bedeuten wohl die anderen?

1. le lit
2. le téléphone
3. l'armoire
4. la table
5. le téléviseur
6. la chaise
7. le tapis
8. la climatisation
9. l'oreiller
10. la lampe

Was Sie in dieser Lektion lernen:
- wie man an der Rezeption eincheckt.
- wie man sagt, wie lange man bleibt.
- wie man fragt, ob das Frühstück inbegriffen ist.
- wie man ausdrückt, dass etwas nicht funktioniert.

Hotels & Pensionen

Um Hotels und andere Unterkünfte zu finden, bieten sich Internetseiten wie **www.cybevasion.fr** oder **www.grandesetapes.com** oder die Fremdenverkehrsämter an.

Bestätigung
Voilà ...
Hier ist ...

la confirmation
die Bestätigung

le voucher
der Voucher

ma carte de crédit
meine Kreditkarte

mon passeport
mein Reisepass

ma carte d'identité
mein Personalausweis

Wie lange bleiben Sie?
J'aimerais bien rester ...
Ich würde gerne ... bleiben.

Nous aimerions rester ...
Wir würden gerne ... bleiben.

une nuit
eine Nacht

deux/trois/quatre nuits
zwei/drei/vier Nächte

Nous repartons ...
Wir reisen (am) ... ab.

Frühstück
Le petit déjeuner ...
Das Frühstück ...

est compris dans le prix.
ist im Preis inbegriffen.

n'est pas compris dans le prix.
ist im Preis nicht inbegriffen.

Aussprache
s meist stimmlos wie in „dass“: samedi (Samstag), zwischen Selbstlauten stimmhaft wie in „Sommer“: réservé (reserviert)
ch wie sch in „Schiff“: Champagne

Nous avons réservé une chambre.

Hören Sie den Dialog. An welchem Wochentag reisen die Gäste ab? 26

- Bonsoir, Madame, nous avons réservé une chambre.
- Bonsoir, votre nom, s'il vous plait ?
- Jacques Dantec. Voilà la confirmation.
- Vous avez une pièce d'identité ?
- Bien sûr, voilà ma carte d'identité.
- Merci. C'est pour deux nuits ?
- Non, non, pour trois nuits ! Nous repartons samedi.
- Exact ! Voilà la clé de votre chambre, c'est la chambre 25 au deuxième étage.
- Merci.
- L'ascenseur est à gauche.
- Merci ... Excusez-moi, mais est-ce que le petit déjeuner est compris dans le prix ?
- Oui, tout à fait. Le petit déjeuner est servi de 7 à 10 heures dans la salle à manger.
- Parfait. Merci, bonne nuit.
- Je vous en prie. Bonne nuit.

Worauf es ankommt

Reservierung
Man sagt: J'ai/Nous avons une réservation. *(Ich habe/Wir haben eine Reservierung.)* oder J'ai/Nous avons réservé une chambre. *(Ich habe/Wir haben ein Zimmer reserviert.)* Man fragt: Avez-vous une réservation ? *(Haben Sie eine Reservierung?)*

Wochentage
lundi *(Montag)*, mardi *(Dienstag)*, mercredi *(Mittwoch)*, jeudi *(Donnerstag)*, vendredi *(Freitag)*, samedi *(Samstag)* und dimanche *(Sonntag)*

Ordnungszahlen
Sie lauten: premier/première *(erste/r)*, deuxième *(zweite/r)*, troisième *(dritte/r)*, quatrième *(vierte/r)*, cinquième *(fünfte/r)*, sixième *(sechste/r)*, septième *(siebte/r)*, huitième *(achte/r)*, neuvième *(neunte/r)*, dixième *(zehnte/r)*

Ein bisschen Grammatik

Im Französischen werden die Artikel le und les mit den Verhältniswörtern à *(nach, zu)* und de *(aus, von)* verbunden:

à + le = au *(zum)* | de + le = du *(vom)*
à + les = aux *(zu den)* | de + les = des *(von den)*

Exercices

1 Verständnis und Aussprache

Verstehen Sie die folgenden Sätze? Dann sprechen Sie sie bitte nach! ▶ 27

1. J'ai réservé une chambre.
2. Votre nom, s'il vous plait ?
3. Vous avez une pièce d'identité ?
4. Voilà mon passeport.
5. C'est la chambre 35 au deuxième étage.
6. Le petit déjeuner n'est pas compris dans le prix.

2 Welche Antwort passt?

Hier macht nur eine Antwort Sinn. Wissen Sie, welche?
In Zweiergruppen ist's gar nicht so schwer, oder?

1. Vous avez une réservation ?
   a. Parfait.
   b. Oui, voilà la confirmation.
2. C'est pour deux nuits ?
   a. Oui, exact !
   b. Voilà la clé.
3. Le petit déjeuner est compris ?
   a. Oui, j'ai compris.
   b. Oui, bien sûr.
4. Il y a un ascenseur ?
   a. Chambre 45.
   b. Oui, sur la gauche.

3 Einfach formulieren

Sie kommen mit Reservierung in einem Hotel an und müssen auf Französisch formulieren, ...

1. dass Sie ein Einzelzimmer reserviert haben
2. dass Sie ein Doppelzimmer mit Frühstück reserviert haben
3. dass Sie eine Suite mit Frühstück reserviert haben
4. dass Sie ein Zimmer mit zwei Betten reserviert haben
5. dass Sie ein Doppelzimmer bis Sonntag reserviert haben

die Suite = la suite

4 Bitte einsetzen

Setzen Sie die vorgegebenen Wörter in den Mustersatz ein. Und zwar pro Kursteilnehmer mindestens einen Satz.

Nous aimerions rester **une nuit**, nous repartons **jeudi**.

1. une nuit – lundi ______
2. deux nuits – mardi ______
3. trois nuits – mercredi ______
4. quatre nuits – jeudi ______
5. cinq nuits – vendredi ______
6. six nuits – samedi ______
7. sept nuits – dimanche ______

5 Bitte nachspielen

Spielen Sie jeweils zu zweit den Dialog A nach und improvisieren Sie mit den Ihnen bekannten Sätzen und Floskeln.

■ Bonjour, nous avons réservé ...
● Bonjour, votre nom, s'il vous plait ?
■ Je m'appelle ... Voilà ma/mon ...
● Merci. C'est pour ... nuits ?

Welches Zimmer?

une chambre ...
ein Zimmer ...

qui donne sur la rue
das zur Straße hin liegt

qui donne sur la plage
das zum Strand hin liegt

avec vue sur la mer
mit Meerblick

Steigerung von Eigenschaftswörtern

grand/e → plus grand/e
groß → größer

calme → plus calme
ruhig → ruhiger

Was nicht funktioniert ...

... ne marche pas
... funktioniert nicht

la climatisation
die Klimaanlage

la douche
die Dusche

la lumière
das Licht

le chauffage
die Heizung

Le lavabo est bouché.
Das Waschbecken ist verstopft.

Le robinet ne coule pas.
Es kommt kein Wasser aus dem Wasserhahn.

Was man so braucht

Est-ce que je pourrais avoir (encore) ... ?
Könnte ich (noch) ... haben?

une serviette de toilette
ein Handtuch

du papier hygiénique
Toilettenpapier

une couverture
eine Decke

La chambre ne me plait pas.

Bringen Sie den Dialog in die richtige Reihenfolge. Hören Sie dann zur Kontrolle. ▶ 28

____ ■ Merci beaucoup. Est-ce que je pourrais avoir encore une couverture, s'il vous plait ?
____ ■ Bonsoir, je suis dans la chambre 25.
____ ● Je vous écoute.
____ ■ Oui, excusez-moi, mais la chambre ne me plait pas. Avez-vous une chambre plus grande et plus calme qui ne donne pas sur la rue ?
____ ● Je regrette mais l'hôtel est complet. Mais demain une chambre avec vue sur la mer se libère.
____ ■ Très bien, mais il y a un autre problème.
__1__ ● Réception, bonsoir.
____ ■ La douche ne marche pas et il n'y a pas d'eau chaude ... et la fenêtre ne se ferme pas !
____ ● Je peux vous aider ?
____ ■ Bonne soirée.
____ ● Oh là là ! Pas de problème, j'envoie quelqu'un immédiatement.
____ ● Mais bien sûr. Bonne soirée.

Worauf es ankommt

Es gefällt mir/uns
Ça me plait *(das gefällt mir)* und ça ne me plait pas *(das gefällt mir nicht)* bzw. ça nous plait *(das gefällt uns)* und ça ne nous plait pas *(das gefällt uns nicht)*.

Es gibt
Il y a ..., z. B. Il y a de l'eau chaude ? *(Gibt es heißes Wasser?)*, Non, il n'y a que de l'eau froide. *(Nein, es gibt nur kaltes Wasser.)*

Zeitangaben
aujourd'hui *(heute)*, demain *(morgen)*, hier *(gestern)*, maintenant *(jetzt)*, ce matin *(heute Morgen)*, ce soir *(heute Abend)*, cette nuit *(heute Nacht)*

Ein bisschen Grammatik

Verben werden mit ne ... pas *(nicht)* verneint:

je suis *(ich bin)* → je ne suis pas *(ich bin nicht)*,
ça marche *(es funktioniert)* → ça ne marche pas *(es funktioniert nicht)*,
se ferme (wörtlich: *schließt sich)* → ne se ferme pas *(schließt sich nicht)*,
il y a *(es gibt)* → il n'y a pas de ... *(es gibt kein/e ...)*.

Das ne wird in der Umgangssprache meist verschluckt.

Exercices

1 Verständnis und Aussprache

Verstehen Sie diese Wendungen? Dann bitte einfach nachsprechen! ▶ 29

1. Bonjour, je peux vous aider ?
2. La chambre ne me plait pas.
3. Je regrette mais l'hôtel est complet.
4. Il y a une chambre avec vue sur la mer.
5. Le robinet ne coule pas.
6. Pas de problème !

2 Bitte verneinen Sie

Können Sie sich an die Verneinung der Verben erinnern? Gut, dann machen Sie die Übung einmal abwechselnd mit Ihrem Tischnachbarn. Vorsicht bei Satz 3: aus une wird de!

1. Le chauffage marche. ______________________
2. La chambre me plait. ______________________
3. Il y a une chambre plus calme. ______________________
4. La fenêtre se ferme. ______________________
5. Le lavabo est bouché. ______________________
6. La chambre donne sur la mer. ______________________

3 Hören und verstehen

Hören Sie sich aufmerksam den Dialog an und ergänzen Sie die richtige Aussage. Kein Problem, n'est-ce pas? ▶ 30

1. La chambre 36 donne …
   a. sur la rue
   b. sur la plage
2. Demain se libère …
   a. une chambre plus grande
   b. une chambre plus calme
3. … ne marche pas.
   a. La douche
   b. La lumière

4 Welche Antwort passt?

Hier macht nur eine Antwort Sinn. Wissen Sie, welche? Bitte einmal mit Ihrem Nachbarn durchspielen.

1. Avez-vous une chambre ?
   a. Excusez-moi, Madame.
   b. Oui, mais sur la rue.
2. Où est l'ascenseur ?
   a. Ici, mais il ne marche pas.
   b. Voilà le verre.
3. Il y a de l'eau chaude ?
   a. Non, mais de l'eau froide.
   b. La fenêtre ne se ferme pas.

ein Glas = un verre

5 Bitte nachspielen

Spielen Sie den Dialog B nach und improvisieren Sie mit den Ihnen bekannten Wendungen.

- ■ Réception, bonsoir.
- ● Bonsoir, je suis dans la chambre … Le/La … ne marche pas.
- ■ Ah bon ?
- ● Et il n'y a pas de …
- ■ Pas de problème, j'envoie quelqu'un immédiatement.
- ● … Est-ce que je pourrais avoir encore …, s'il vous plait ?

L'essentiel d'un coup d'œil

Allgemeines 31

Y a-t-il ... ?
Gibt es ...?

Je regrette ...
Ich bedaure ...

Pas de problème !
Kein Problem!

Pech gehabt

C'est complet.
Es ist ausgebucht.

Tout est réservé.
Es ist alles ausgebucht.

Was man so braucht

Est-ce que je pourrais avoir ... ?
Könnte ich ... haben?

une couverture
eine Decke

un oreiller
ein (Kopf-)Kissen

un drap
ein Bettlaken

quelques cintres
einige Kleiderbügel

un cendrier
einen Aschenbecher

un sèche-cheveux
einen Föhn

Wie lange man bleibt

J'aimerais rester ...	Ich würde gerne ... bleiben.
Nous aimerions rester ...	Wir würden gern ... bleiben.
une nuit	eine Nacht
deux/trois/quatre nuits	zwei/drei/vier Nächte

Was nicht funktioniert

la climatisation (la clim)	die Klimaanlage
la douche	die Dusche
la baignoire	die Badewanne
l'eau chaude	das warme Wasser
la lumière	das Licht
le chauffage	die Heizung
la télévision (la télé)	das Fernsehen
l'ascenseur	der Lift
le ventilateur	der Ventilator
... ne marche pas	... funktioniert nicht
les toilettes	die Toilette
... sont bouchées	... ist verstopft
la fenêtre/la porte	das Fenster/die Tür
... ne ferme pas	... lässt sich nicht schließen
... ne s'ouvre pas	... lässt sich nicht öffnen

Auschecken

Je pars.	Ich reise ab/checke aus.
Nous partons.	Wir reisen ab/checken aus.
Préparez-moi la note, s'il vous plait !	Machen Sie mir bitte die Rechnung fertig!
Je paie ...	Ich zahle ...
avec la carte de crédit	mit Kreditkarte
en liquide	in bar
Signez ici, s'il vous plait.	Unterscheiben Sie bitte hier.

Camping

Avez-vous encore de la place pour ... ?	Haben Sie noch Platz für ...?
Combien coute la nuit pour ... ?	Was kostet die Nacht für ...?
une voiture avec caravane	ein Auto mit Wohnwagen
une tente	ein Zelt
un mobil-home	ein Wohnmobil
une personne	eine Person
deux/trois/quatre personnes	zwei/drei/vier Personen

Was mir sonst noch wichtig ist

HÉBERGEMENT

Vacances alternatives

Les *villages de vacances* les plus connus tout comme les campings se trouvent surtout au bord de la Méditerranée. Depuis quelques années, contrairement au tourisme de masse, des hébergements spécifiques se développent vers un tourisme alternatif dans lequel l'exclusivité et l'individualité sont au premier plan. Dans ce contexte, on trouve les *hôtels de charme*, les *Relais et châteaux* (hôtels de luxe aménagés souvent dans des bâtiments historiques) et de charmants *gites ruraux* (hébergement simple à la campagne).

À remplir, s'il vous plait !

Dans de nombreux hébergements, il faut remplir une fiche d'inscription et la signer. Voici le vocabulaire nécessaire pour comprendre un tel formulaire : *lettres majuscules* (Großbuchstaben), *nom de famille* (Nachname), *prénom* (Vorname), *domicile* ou *adresse* (Adresse), *date d'arrivée* (Ankunftsdatum), *nombre de nuitées* (Anzahl der Übernachtungen).

Camping

Avec environ 10 000 places de camping, la France est un véritable paradis pour des vacances sous la tente, en caravane ou en mobil-home. Mais pourtant, en plein été, en particulier en aout, les places sont occupées jusqu'au dernier mètre carré. Le camping sauvage n'est pas recommandé et il souvent puni d'amende dans de nombreux endroits. Par contre, ceux qui veulent camper sur un terrain privé doivent absolument en demander l'autorisation au propriétaire : *« Est-ce que nous pouvons camper sur votre terrain ? »*

PAYS DE LA LOIRE ET DU CENTRE – LE JARDIN DE LA FRANCE

À ne pas manquer !

Avec plus de 1000 km de longueur, la *Loire* est le fleuve le plus long de France. Les régions du *Pays de la Loire* et du *Centre* font partie des paysages culturels les plus réputés de la République. La plupart des visiteurs viennent à cause des 400 châteaux et châteaux-forts environ représentant toutes les époques de l'histoire artistique européenne. Ils se dressent comme des perles le long de la vallée de la Loire entre *Orléans* et son embouchure dans l'Atlantique. Parmi les châteaux les plus célèbres, on peut citer les *châteaux d'Amboise, de Blois, de Chambord* et *de Chenonceau*. Les villes d'*Angers*, de *Nantes*, d'*Orléans* et *Tours* offrent aussi à côté de leur charme moyenâgeux un flair français différent du livre d'images touristique.

Bon appétit – Spécialités régionales

La cuisine locale est savoureuse et abondante comme par exemple, et pas seulement à cause de leur odeur pénétrante, les célèbres *andouillettes* (saucisses à base d'abats), les pâtés et terrines de Tours que l'on appelle *rillettes* et *rillons* ainsi que les plats de viande typiques comme la *langue de bœuf*, ou la *tête de veau*. La région offre aussi beaucoup de légumes, en effet, on désigne cette région comme *le jardin de la France*. Ainsi les *champignons* sont appréciés dans tout le pays tout comme le vin local, en particulier le *Muscadet*, un vin blanc sec.

Les bons tuyaux

Sur de longs trajets, la *Loire* est navigable par les bateaux d'excursions pour touristes seulement à partir de *Bouchemaine*, au sud d'*Angers* jusqu'au dessus de *Nantes*. À partir de là, la *Loire* est accompagnée par des canaux comme par exemple le *canal* entre *Roanne* et *Digoin* et le *canal latéral à la Loire* entre *Digoin* et *Briare* sur lesquels on peut aussi naviguer tranquillement.

6

Im Café – Au café

Trockene Kehlen?

In Frankreich finden sich praktisch an jeder Ecke *bar, café* oder *bistro(t)* genannte Lokale, in denen man Kaffee, Tee, kalte und alkoholische Getränke sowie kleine Gerichte bekommt. Für viele Franzosen sind diese Lokale eine Art erweitertes Wohnzimmer. Folgende Getränke dürften Ihnen bekannt sein.

1. la bière	5. le Perrier®
2. le café express	6. le thé
3. le café crème	7. le vin blanc
4. le café au lait	8. le vin rouge

Was Sie in dieser Lektion lernen:
- wie man etwas in einer Bar oder einem Café bestellt.
- wie man fragt, was man unternehmen kann.
- wie man sagt, dass einem etwas (nicht) gefällt.
- wie man den Weg beschreibt.

Bar, café, bistro(t)

Die Grenzen zwischen **le bar**, **le café** und **le bistro(t)** sind fließend. In allen gibt es kleine Imbisse. Während man in der **bar** meist an der Theke konsumiert, bieten **café** und **bistro(t)** auch Tische. Süßspeisen bekommt man im **salon de thé**, der am ehesten unserem Café entspricht.

J'aime les fêtes traditionnelles.

Hören Sie den Dialog und setzen Sie die folgenden Ausdrücke ein. ▶ 32

la fête – petit café – vin rouge – j'aime – restaurants

● Bonjour, Messieurs-dames.

■ Bonjour, je voudrais un verre de ______________ et un sandwich au jambon, s'il vous plait.

● Et pour vous ?

▲ Pour moi, seulement un ______________, s'il vous plait.

...

● Voilà.

■ Merci. Excusez-moi, mais qu'est-ce qu'on peut faire d'intéressant ici le soir ?

● Bien, il y a des ______________ sympas, des discothèques ...

■ Oui, mais nous préférons passer une soirée tranquille. Est-ce qu'il y a un cinéma ou un théâtre ?

● Oui, oui, il y a le cinéma Royal dans la rue Victor Hugo. Mais cette semaine, c'est ______________ de la truffe.

▲ Qu'est-ce que c'est ?

● C'est une fête dédiée à la truffe. Vous pouvez déguster diverses recettes traditionnelles, et puis il y a des concerts, des spectacles ...

■ Bon, je ne sais pas.

▲ Si, on y va ! J'aime les fêtes traditionnelles. Et ______________ les truffes !

Worauf es ankommt

Bestellungen
Man sagt Je voudrais ..., s'il vous plait. *(Ich hätte gerne ..., bitte.)* oder einfach Pour moi ..., s'il vous plait. *(Für mich bitte ...)*: Je voudrais un petit café, s'il vous plait. *(Ich hätte gerne einen Espresso, bitte.)*

Wie es euch gefällt
J'aime ... *(Ich mag/liebe ...)* bzw. Nous aimons ... *(Wir mögen/lieben ...)*

Ein bisschen Grammatik

Fragen werden häufig mit est-ce que gestellt. Fragewörter wie que *(was)* stehen jeweils vor est-ce que: Qu'est-ce que c'est ? *(Was ist das?)*, Qu'est-ce que vous prenez ? *(Was nehmen Sie?)*

Bei moi und toi handelt es sich um die betonte Form von je *(ich)* und tu *(du)*, wird aber auch mit Verhältniswörtern verwendet: pour moi *(für mich)*.

Im *café*

Qu'est-ce que tu prends ?
Was nimmst du?

Qu'est-ce que vous prenez ?
Was nehmen Sie?

Moi, je prends ...
Ich nehme ...

un café/un (café) express = un petit café
einen Kaffee/einen Espresso

un café crème
einen Kaffee mit Sahne

un verre de ...
ein Glas ...

vin rouge/vin blanc
Rotwein/Weißwein

Programm?

Je préfère ...
Ich mag lieber ...

J'aime ...
Ich mag/liebe ...

Où est-qu'il y a ... ?
Wo gibt es ...?

un cinéma
ein Kino

un théâtre
ein Theater

Savez-vous s'il y a ... ?
Wissen Sie, ob es ... gibt?

une fête
ein Fest

une foire
ein Volksfest/eine Messe

Il y a ...
Es gibt ...

des endroits intéressants
interessante Lokale

Aussprache
Qu'est-ce que ... sieht kompliziert aus, wird aber einfach [keskö] gesprochen. Est-ce que ... wird [eskö] gesprochen.

Exercices

1 Verständnis und Aussprache

Lesen und hören Sie die folgenden Sätze und sprechen Sie sie bitte nach! ▶ 33

promenade = Spaziergang

1. Je voudrais un verre de vin blanc.
2. Pour moi, un café crème, s'il vous plait.
3. Qu'est-ce qu'on peut faire ici le soir ?
4. Non, je préfère une promenade.
5. Nous aimons les fêtes traditionnelles.
6. Savez-vous s'il y a une discothèque ?

2 Bitte vervollständigen

Können Sie diesen Dialog vervollständigen? Fantasie ist gefragt.

aussi = auch

1. Bonjour, je voudrais ____________.
2. Et pour moi ____________.
3. Merci. Excusez-moi, Qu'est-ce qu'on peut faire ____________ ?
4. Il y a beaucoup de ____________ et il y a aussi ____________.
5. Savez-vous s'il y a ____________ ?
6. Oui, bien sûr ! Il y a la fête de ____________.

3 Bitte einsetzen

Setzen Sie die Angaben 1–6 in den Mustersatz ein. Die unbekannten Wörter finden Sie im Wörterverzeichnis.

Cette semaine, il y a **la fête du fromage.**

1. la fête de la Saint-Jean ____________
2. le festival du cinéma italien ____________
3. la foire automobile ____________
4. le salon du chocolat ____________
5. le festival de musique classique ____________
6. la fête du vin ____________

4 Passende Formulierungen

Lesen Sie die vorherige Seite noch einmal und finden Sie die passenden Formulierungen für die folgenden Situationen. Zu zweit geht's am besten.

1. etwas in einem *café* bestellen ____________
2. fragen, was jemand nehmen möchte ____________
3. fragen, was man abends unternehmen kann ____________
4. fragen, ob es ein Kino oder Theater gibt ____________
5. sagen, dass man etwas mag ____________
6. sagen, dass man lieber einen ruhigen Abend verbringen möchte ____________

5 Zeigen Sie sich spendabel

Fragen Sie Ihre Kurskollegen, was sie bestellen möchten.

Je vous invite ! = Ich lade euch/Sie ein!

- ■ Je vous invite ! Qu'est-ce que vous prenez ?
- ● Moi, je voudrais ...
- ■ Et toi ?
- ▲ Pour moi ..., s'il te plait.

C'est loin à pied ?

Hören Sie den Dialog. Wie weit ist es bis zum Trüffel-Fest? ▶ 34

- Excusez-moi, savez-vous où est la fête de la truffe ?
- Oui, sur la place du Marché.
- C'est loin à pied ?
- Non, non, c'est tout près, à 10 minutes seulement. Donc ... Vous allez toujours tout droit jusqu'au feu rouge et puis vous tournez à gauche, vous traversez le pont puis vous tournez à la deuxième à droite et c'est la place du Marché.
- Alors, toujours tout droit jusqu'au feu rouge, puis à gauche, on traverse le pont, et à la première à droite ...
- Non, non, la deuxième à droite !
- Ah oui, on tourne à la deuxième rue à droite et on arrive.
- Exact !
- Merci beaucoup et bonne soirée.
- Bonne soirée à vous aussi. Et bon appétit !

Worauf es ankommt

Nah oder weit ...

Près, à côté (beide: *nah*) und loin (*weit*) werden mit dem Verhältniswort de (*aus, von*) verwendet: C'est près/à côté de la place du Théâtre. (*Es ist in der Nähe der place du Théâtre.*), C'est loin d'ici. (*Es ist weit von hier.*). Erinnern Sie sich, dass de + le zu du und de + les zu des zusammengezogen werden?

Links, rechts und geradeaus

Für Wegbeschreibungen benutzt man: Vous tournez ... (*Sie biegen ... ab.*) in Verbindung mit à gauche (*nach links*) und à droite (*nach rechts*), auch z. B. la première à droite (*die erste rechts*), la deuxième à gauche (*die zweite links*) usw., außerdem: Vous allez tout droit. (*Sie gehen geradeaus.*)

Überqueren

Vous traversez ... (*Sie überqueren ...*), z. B. la place (*den Platz*), la rue (*die Straße*), le pont (*die Brücke*). Statt nous traversons/nous tournons (*wir überqueren/wir biegen ab*) drückt man sich auch oft neutral aus: on traverse/on tourne (*man überquert/man biegt ab*).

Ein bisschen Grammatik

Das Verb mettre hat viele Bedeutungen, z. B. stellen, legen, hineintun, anziehen und auch „brauchen", z. B. in Bezug auf Zeit: Combien de temps on met ? (*Wie lange braucht man?*), On met dix minutes. (*Man braucht zehn Minuten.*)

Wo gibt's was?

Savez vous ...
Wissen Sie ...

où est/se trouve le cinéma ?
wo das Kino ist/sich befindet?

Sur la place ...
Am ...-Platz.

Dans la rue ...
In der ...-Straße.

Wie lange unterwegs?

Combien de temps on met pour aller à ... ?
Wie lange braucht man, um nach ... zu gehen/fahren?

On met ...
Man braucht ...

un quart d'heure
eine Viertelstunde

une demi-heure
eine halbe Stunde

une heure
eine Stunde

cinq minutes
fünf Minuten

Wo genau?

C'est près/à coté ...
Es ist in der Nähe/neben ...

du musée
des Museums/dem Museum

de l'église
der Kirche

Vous tournez ...
Sie biegen ... ab.

au carrefour
an der Kreuzung

au feu rouge
an der Ampel

à droite
nach rechts

à gauche
nach links

Vous devez revenir.
Sie müssen zurückgehen.

Exercices

1 Verständnis und Aussprache

Ist der Dialog klar? Dann macht es sicher keine Schwierigkeiten, diese Sätze nachzusprechen, oder? ▶ 35

1. Savez-vous où se trouve la fête du vin ?
2. Oui, c'est au centre, sur la place Nationale.
3. Vous allez toujours tout droit.
4. Puis vous tournez à gauche.
5. Ce n'est pas loin de ton hôtel.

2 Bitte einsetzen

Setzen Sie – möglichst zu zweit – die fehlenden Wörter in die Sätze ein.

gauche – centre – droit – place – loin

1. Où se trouve la ____________ Saint-Jacques ?
2. Elle se trouve au ____________ .
3. C'est ____________ d'ici ?
4. Vous allez tout ____________ jusqu'au feu rouge.
5. Et puis, au carrefour vous tournez à ____________ .

3 Hören und verstehen

Lauschen Sie diesem Dialog und ergänzen Sie bitte die Aussagen. Ihr Nachbar hilft sicher gerne. ▶ 36

1. Jacques prend ...	a. un café crème
	b. un café express
2. Le cinéma est à coté ...	a. du musée
	b. de l'église
3. Il doit tourner ...	a. à gauche
	b. à droite

il/elle prend = er/sie nimmt
il/elle doit = er/sie muss

4 Bitte zuordnen

Ordnen Sie jeder Frage eine logische Antwort zu.

1. Où est le cinéma ?	a. Oui, c'est tout près.
2. C'est loin à pied ?	b. Non, c'est près du bar.
3. Combien de temps on met ?	c. Non, c'est à côté.
4. C'est près de la mairie ?	d. Non, à gauche.
5. Et je tourne à droite ?	e. Sur la place du Marché.
6. Alors, c'est à côté du café ?	f. Seulement 10 minutes.

5 Gespräche erarbeiten

Erarbeiten Sie mit Ihrem Tischnachbarn Frage und Antwort zu folgenden Themen.

1. fragen, wie man zum Volksfest kommt
2. fragen, ob das Ziel zu Fuß weit ist
3. fragen, ob etwas in der Nähe des Theaters ist
4. fragen, wie man zur *place du Marché* kommt

L'essentiel d'un coup d'œil

Vorlieben 37

Qu'est-ce que vous aimez ?
Was mögen/lieben Sie?

J'aime ...
Ich mag/liebe ...

la musique classique/le jazz/le rock
klassische Musik/Jazz/Rock(musik)

danser
tanzen (ich tanze gern)

le cinéma
Kino

Je préfère ...
Ich mag lieber ...

les endroits tranquilles
ruhige Orte/Lokale

les fêtes traditionnelles
traditionelle Feste

Bezahlen

L'addition, s'il vous plait.
Die Rechnung, bitte.

Combien ça fait ?
Was macht das?

Je paie ...
Ich zahle ...

J'invite !
Ich lade ein!

Bestellungen	
Je voudrais ..., s'il vous plait.	Ich hätte gerne ..., bitte.
Pour moi ..., s'il vous plait.	Für mich bitte ...
un (café) express	einen Kaffee (Espresso)
un café crème	einen Kaffee mit Sahne
une bière	ein Bier
un verre de ...	ein Glas ...
vin rouge	Rotwein
vin blanc	Weißwein

Programm?	
Qu'es-ce qu'on peut faire ici le soir ?	Was kann man hier abends machen?
Où est-ce qu'il y a ... ?	Wo gibt es ...?
une discothèque	eine Disko
un cinéma	ein Kino
un théâtre	ein Theater
Savez-vous s'il y a ... ?	Wissen Sie, ob es ... gibt?
un concert	ein Konzert
une fête	ein Fest
une foire	ein Volksfest/eine Messe
un festival	ein Festival

Wo ist was?	
Où est le cinéma ?	Wo ist das Kino?
Où est le musée ?	Wo ist das Museum?
Sur la place ...	Am ...-Platz.
Dans la rue ...	In der ...-Straße.

Wo genau?	
C'est devant ...	Es ist vor ...
la poste	der Post
la gare	dem Bahnhof
C'est à côté ...	Es ist neben ...
du musée	dem Museum
de l'église	der Kirche

Wie komme ich hin?	
Vous tournez ...	Sie biegen ... ab.
à droite	nach rechts
à gauche	nach links
Vous devez revenir.	Sie müssen zurückgehen.
C'est (tout) près.	Es ist (ganz) in der Nähe.
C'est loin.	Es ist weit.

Was mir sonst noch wichtig ist

AU CAFÉ

Est-ce que vous le saviez ?

Pour de nombreux Français boire un café debout est souvent l'affaire de quelques minutes. Le *petit noir*, le *petit café* ou le *café express* (tous signifient expressos) est bu le plus souvent. On commande, on boit et on le paie au comptoir d'un des nombreux *bars* ou *cafés*, comme par exemple sur le chemin du bureau, après le déjeuner ou entre deux. Au petit déjeuner, surtout à la maison, on préfère le *café filtre* ou le *café au lait* que l'on boit généralement dans un *bol* et dans lequel on trempe le pain ou un croissant. Sinon, on trouve le *café-crème* (café avec de la crème ou du lait), le *café liégeois* (café avec de la glace) ou le *café arrosé* (café noir avec un peu d'alcool comme du rhum ou du brandy).

L'apéro !

Ce qui est vraiment *typiquement français*, c'est la tradition de prendre avant le repas un *apéritf* ou *apéro* dans la langue parlée. Parmi les apéritifs préférés, citons les vins mousseux ou les vins cuits, le champagne, le *pastis* qui est un alcool d'anis (mélangé avec du sirop pour le *perroquet)*, le whisky, la liqueur de menthe, le *kir* ou le *kir royal* (voir page 96). Après le repas, on s'accorde un digestif comme un *cognac*, un *armagnac*, un *calvados*, une *eau de vie* ou une *liqueur* qui sont bons pour la digestion.

Dans les bars et les cafés, il y a...

Pour boire : du *vin blanc*, du *vin rouge* ou du *vin rosé*, de la *bière*, de la *bière pression*, le *panaché*, également du *thé*, des *tisanes* et bien entendu une quantité de *boissons rafraichissantes* et divers *jus de fruits*.
Pour manger : des *croquemonsieurs*, des *croissants*, des *sandwiches* au *fromage*, au *jambon*, au *saucisson* ou au *pâté* et de la *salade*. Mais attention, dans les cafés français, il n'y a pas de gâteaux, mais parfois des *tartes* (pâte brisée plate couverte de fruits et de crème pâtissière).

BRUXELLES & LA WALLONIE – PLATE MAIS QUAND MÊME

À ne pas manquer !

Bruxelles, la capitale de la Belgique et du siège de l'administration européenne regroupe un grand nombre de nationalités. Et quand on a visité les grandes attractions comme la *Grand-Place* avec son hôtel de ville gothique, la *cathédrale Saints-Michel et Gudule*, l'*Atomium* et le *Manneken-Pis*, on peut se demander où l'on trouve encore quelque chose du « vrai » *Bruxelles*. Pour ça, allez donc faire une promenade à travers *Ixelles*, sans doute le quartier le plus haut en couleur dans le sud-est de la ville.

Les bons tuyaux

Rares sont les touristes qui pensent à la Belgique pour faire de la randonnée. Pourtant celui qui visite les Ardennes dans la province wallonne de *Liège* et *Namur* est surpris par la nature locale. Les plus beaux endroits pour une randonnée sont la vallée d'*Amblève* près de *Sedoz* ou le long de la *Semois* de *Vresse-sur-Semois* jusqu'à *Mouzaive*. Et ceux qui préfèrent la culture ne doivent pas rater le festival de théâtre de rue qui a lieu tous les ans dans l'idyllique *Soiron*.

Bon appétit ! – Spécialités régionales

Le poisson frais et les fruits de mer sont très populaires en Belgique, en particulier les moules (la plupart du temps comme *moules-frites*), mais on trouve aussi sur la carte des menus des plats de gibier, comme le faisan ou le lièvre. On envie les Belges pour leurs extraordinaires créations au chocolat, les pralines et bien sûr les *gaufres*. Et que boivent les Belges ? Bien entendu de la bière, car avec plus de 1 000 sortes, le pays fait partie des plus grands producteurs de bières du monde. Et depuis 2016, la bière belge est même au patrimoine culturel mondial de l'UNESCO. Pas étonnant de trouver en Belgique une culture de bistros très vivante dans lesquels un grand choix de bières sont servies selon les marques, à la température idéale et dans le verre approprié. Il est donc évident que ce n'est pas quelque chose de banal de commander seulement *une bière*.

TEST 1

1 Welche Antwort stimmt?

Können Sie sich noch an alle Informationen zur Landeskunde erinnern? Na dann kreuzen Sie sicher die richtigen Aussagen an.

1. Mit Französisch haben Sie ca. ... Gesprächspartner.
   a. 2 Millionen
   b. 27 Millionen
   c. 270 Millionen

2. Zugfahrten in Frankreich ...
   a. sind für EU-Bürger um die Hälfte ermäßigt
   b. sind in der Regel praktisch und relativ preiswert
   c. sind für Normalsterbliche unbezahlbar

3. In Frankreich gilt für Juli und August: ...
   a. Das Hotelzimmer frühzeitig reservieren!
   b. Bloß nicht den Regenschirm vergessen!
   c. Maximal 100 km/h auf allen Autobahnen!

4. Bei der Hotelsuche vor Ort hilft ...
   a. die deutsche Botschaft in Paris
   b. das regionale Fremdenverkehrsamt
   c. meist nur der Taxifahrer

5. Man küsst zur Begrüßung ...
   a. nur Personen, die jünger als man selbst sind
   b. einfach alle Unbekannten
   c. Bekannte, Verwandte und Freunde

6. Filterkaffee trinkt man in Frankreich ...
   a. meist nur zu Hause und zum Frühstück
   b. mehrmals im Lauf des Tages
   c. nur nach einem üppigen Abendessen

2 Fragen und Antworten

Sicherlich haben Sie die letzten sechs Lektionen aufmerksam bearbeitet und machen folglich diese Übung im Handumdrehen. Welche Antwort passt jeweils?

1. Comment ça va ?	a. Oui, j'ai un fils et une fille.
2. Vous aimez la chambre ?	b. Je suis de Bourges.
3. Vous avez une réservation ?	c. C'est François.
4. Qu'est-ce que tu prends ?	d. Seulement un petit café.
5. Qui est ton copain ?	e. Oui, voilà la confirmation.
6. Tu as des enfants ?	f. Très bien, merci.
7. C'est loin à pied ?	g. Non, il y en a une plus grande ?
8. D'où êtes-vous ?	h. Non, c'est à côté.

TEST 1

3 Fit für den „Ernstfall"?

Wiederholen Sie die Gesprächssituationen aus den vergangenen Lektionen, indem Sie mit Ihrem Tischnachbarn eine Unterhaltung zu den folgenden Themen führen. Die angegebenen Satzfragmente und Floskeln sollten nur als Richtlinie dienen. Improvisieren ist angesagt!

1. Sie treffen Ihren Bekannten Herrn Dupont.
   - ■ Bonsoir, Monsieur Dupont ...
   - ● Très ... Et vous ?
   - ■ Je vais ... aussi. Je vous présente ...
   - ● ... Au revoir et ...
2. Sie halten einen Plausch mit einem/einer Fremden.
   - ■ Excusez-moi, mais vous n'êtes pas ... ?
   - ● Non, je suis ..., de ... Et vous ?
   - ■ ... Et qu'est-ce que vous faites ?
   - ● Je suis ... Et quelle est votre profession ?
3. Sie rufen bei einem Hotel zwecks Zimmerreservierung an.
   - ■ Allo, hôtel ..., bonjour.
   - ● Bonjour, je voudrais réserver une chambre ... pour ... nuits.
   - ■ Bien sûr ! À quel nom ?
   - ● Je m'appelle ... Vous pouvez m'envoyer une confirmation par ... ?
4. Sie sitzen im Zug und erkundigen sich beim Schaffner.
   - ■ ... à quelle heure nous arrivons à ... ?
   - ● ... avons ... minutes de retard, nous arrivons vers ...
   - ■ Et à quelle heure part le train ... ?
   - ● ... part à ..., sur le quai ...
5. Ihre Freundin Jacqueline läuft Ihnen zufällig über den Weg.
   - ■ Salut, Jacqueline, comment ...
   - ● ... Je te présente ...
   - ■ ... Tu es suisse ?
   - ▲ ... Oui, ... / Non, ...
   - ■ ..., alors à la prochaine !
6. Sie erkundigen sich an der Hotelrezeption.
   - ■ ... Qu'est-ce qu'on peut faire d'intéressant ici le soir ?
   - ● Il y a ... et vous pouvez aussi aller ...
   - ■ Nous préférons ... Savez-vous s'il y a ... ?
   - ● Oui bien sûr, il y a ... dans la rue ...

4 Und jetzt noch schnell auf Französisch!

Bis hier hat sicherlich alles gut geklappt, oder? Wenn Sie jetzt noch diese Sätze auf Französisch wiedergeben können, sind Sie reif für den zweiten Teil unseres Sprachkurses.

1. Wie viel Uhr ist es? ______________________
2. Keine Ursache. ______________________
3. Kein Problem! ______________________
4. Bis zum nächsten Mal! ______________________
5. Ich suche ein Hotel. ______________________
6. Ich hätte gerne einen Kaffee mit Sahne. ______________________
7. Einen schönen Abend! ______________________
8. Wo ist die Touristeninformation, bitte? ______________________

7

Im Restaurant – Au restaurant

Und was ist Ihr Leibgericht?

Die französische Küche erfreut sich auch hierzulande größter Beliebtheit. Kennen Sie die folgenden Speisen und Getränke?

1. la bouillabaisse
2. la quiche lorraine
3. la crème brulée
4. la crêpe
5. le Camembert
6. la baguette
7. le cidre
8. la mousse au chocolat
9. le croissant
10. le Beaujolais

Was Sie in dieser Lektion lernen:
- wie man sich in einem Restaurant nach dem Essen erkundigt und etwas bestellt.
- wie man um eine Empfehlung bittet.
- wie man sagt, dass man etwas anderes bestellt hat.
- wie man um die Rechnung bittet.

La cuisine française ?
Von nur einer französischen Küche zu sprechen, wäre eine maßlose Untertreibung. Jede Region des Landes hat ihre eigenen Rezepte und Spezialitäten, von denen viele bei uns sogar relativ unbekannt sind.

Bestellen
Pouvez-vous nous apporter le menu/la carte ?
Können Sie uns die Karte bringen?

Voulez-vous commander ?
Wollen Sie bestellen?

Qu'est-ce que vous prenez ?
Was nehmen Sie?

J'aimerais/Nous aimerions commander ...
Ich würde/Wir würden gerne ... bestellen.

comme entrée/plat (principal) ...
als Vorspeise/Hauptgang ...

Je voudrais ...
Ich hätte gerne ...

Pour moi ...
Für mich ...

Notre spécialité est ...
Unsere Spezialität ist ...

Et comme boisson ?
Und zum Trinken ?

Sonderwünsche
Quel vin me/nous conseillez-vous ?
Welchen Wein empfehlen Sie mir/uns?

Est-ce qu'il y a de la viande dans ce plat ?
Ist in diesem Gericht Fleisch?

C'est épicé ?
Ist es scharf?

Je suis végétarien/ne.
Ich bin Vegetarier/in.

Aussprache
Eine Besonderheit der französischen Aussprache ist die sogenannte liaison (Bindung): Vor Selbstlauten wird ein an sich stummer Mitlaut hörbar, wodurch die beiden Wörter wie ein Wort gesprochen werden, z. B. zwischen s und a in vous avez = [wusawe].

Nous aimerions quelque chose de typique.

Hören Sie den Dialog und setzen Sie die folgenden Ausdrücke ein. ▶ 38

salade – carafe – comme plat ? – tarte – menu

■ Bonsoir, vous avez une table libre pour deux personnes ?
● Oui, bien sûr, ici, ça va ?
■ Très bien, merci.

...

● Voilà le ____________________.
■ Merci, nous aimerions quelque chose de typique, qu'est-ce que vous nous conseillez ?
● Comme entrée, nous avons une tarte au Roquefort ou une ____________________ au fromage de chèvre.
▲ Est-ce qu'il y a de la viande dans la ____________________ au Roquefort ? C'est que je suis végétarienne.
● Oui, Madame, du jambon.
▲ Alors je prends seulement la salade au fromage de chèvre.
■ Pour moi, la tarte au Roquefort, s'il vous plait.
● Bien. Et ____________________
■ Un poulet à la crème.
● Et comme boisson ?
■ Une ____________________ de vin rouge de la maison ...

Worauf es ankommt

Wo ist Platz?
Nach einem Tisch fragen: Vous avez une table libre pour ... ? *(Haben Sie einen freien Tisch für ...?)*
Schon reserviert: J'ai réservé une table au nom de ... *(Ich habe einen Tisch auf den Namen ... reserviert.)*

Empfehlungen
Qu'est-ce que vous me/nous conseillez ? *(Was empfehlen Sie mir/uns?)*, Je vous conseille ... *(Ich empfehle Ihnen ...)*

Bestellungen
J'aimerais/Nous aimerions bien manger/boire ... *(Ich hätte gerne/Wir hätten gerne zum Essen/zum Trinken ...)* bzw. Je prends/Nous prenons ... *(Ich nehme/Wir nehmen ...)*

Ein bisschen Grammatik

Bei Mengenangaben wird oft das Verhältniswort de *(aus, von)* verwendet:
une carafe de vin rouge *(eine Karaffe Rotwein)*.

Exercices

1 Verständnis und Aussprache

Verstehen Sie die folgenden Sätze? Wenn ja, dann sprechen Sie sie bitte nach! ▶ 39

niçois/e = aus Nizza

1. Vous avez une table pour trois ?
2. Pouvez-vous m'apporter le menu ?
3. Qu'est-ce que vous me conseillez ?
4. Je prends la salade niçoise.
5. Je voudrais une tarte au Roquefort.
6. Et une carafe de vin blanc.

2 Welche Antwort passt?

Hier macht nur eine Antwort Sinn. Wissen Sie, welche? Gut, dann lesen Sie die Minidialoge bitte mit Ihrem Tischnachbarn.

1. Vous voulez commander ?
   a. Non, je suis végétarien.
   b. Oui, merci.
2. Quel vin conseillez-vous ?
   a. Le vin rouge de la maison.
   b. Bien sûr.
3. C'est épicé ?
   a. Oui, merci bien.
   b. Non, pas beaucoup.

3 Empfehlungen

Spielen Sie mit Ihrem Nachbarn einen Gast und einen eifrigen Kellner und basteln Sie aus den Satzbausteinen einen sinnvollen Menüvorschlag.

Qu'est-ce que vous conseillez ... ? – Je vous conseille ...

1. comme entrée	a. un steak frites
2. comme boisson	b. une crème brulée
3. comme apéro	c. une salade mixte
4. comme plat principal	d. un kir royal
5. comme dessert	e. le vin blanc de la maison

4 Was passt zueinander?

Finden Sie die deutsche Entsprechung jedes französischen Satzes.

1. Je voudrais une bière.	a. Hier ist die Karte.
2. La table est libre.	b. Ich bin Vegetarier.
3. Voilà la carte.	c. Was nehmen Sie?
4. Qu'est-ce que vous prenez ?	d. Ich hätte gerne ein Bier.
5. Je suis végétarien.	e. Der Tisch ist frei.

5 Bitte nachspielen

Spielen Sie jeweils zu zweit den Dialog A nach und improvisieren Sie mit den Ihnen bekannten Wörtern und Wendungen.

- ■ Bonsoir, vous avez une table libre pour ... ?
- ● Ça va ici ?
- ■ Oui, merci. Vous pouvez nous apporter le menu ?
- ● Bien sûr.
- ■ Comme entrée je prends ... comme plat principal ... et à boire ...

Comment est la tarte au Roquefort ?

Hören Sie den Dialog. Nehmen die Gäste ein Dessert? ▶ 40

- ● Et voilà, le pâté de campagne maison !
- ■ Excusez-moi, mais ce n'est pas ce que nous avons commandé …
- ● Vous avez raison ! Je l'apporte tout de suite.
- ■ Merci. Et est-ce que vous pouvez apporter un peu de pain, s'il vous plait ?
- ● Bien sûr.

…

- ▲ Alors, comment est la tarte au Roquefort ?
- ■ Très bonne, mais un peu lourde. Et la salade au fromage de chèvre ?
- ▲ Délicieuse ! Le restaurant me plait vraiment beaucoup, c'est tranquille, traditionnel …
- ■ Bon. Tu prends un dessert, un café ?
- ▲ Non, j'ai terminé.
- ■ Alors, on paie ?
- ▲ Oui.
- ■ L'addition, s'il vous plait.

Worauf es ankommt

Probleme mit der Bestellung?
Das Falsche gebracht: Ce n'est pas ce que j'ai commandé. *(Das ist nicht das, was ich bestellt habe.)*, J'ai commandé … *(Ich habe … bestellt.)*

Zahlen, bitte!
(Apportez-moi) l'addition, s'il vous plait. *([Bringen Sie mir] die Rechnung, bitte.)* oder Je voudrais payer. *(Ich möchte zahlen.)*

Ein bisschen Grammatik

Zur Beschreibung von Gerichten benutzt man oft à *(zu, nach)* mit oder ohne Artikel: tarte au Roquefort *(Roquefortkuchen)*, poulet à la crème *(Hühnchen in Sahnesauce)* oder tarte aux pommes *(Apfelkuchen)*. Beschreibt man jedoch den Inhalt oder die Herkunft, benutzt man de *(aus, von)*: le vin de pays *(Landwein)*, la bouteille d'eau *(die Flasche Wasser)*, la tasse de café *(die Tasse Kaffee)*.

Noch etwas mehr Grammatik

Innerhalb eines Satzes heißt „was" ce que: J'apporte ce que vous avez commandé. *(Ich bringe, was Sie bestellt haben.)*

Was man noch so braucht …

Qu'est-ce que vous avez comme dessert ?
Was haben Sie als Nachtisch?

Vous pouvez nous apporter … ?
Können Sie uns … bringen?

un peu de pain
ein bisschen Brot

une bouteille d'eau plate
eine Flasche stilles Wasser

une bouteille d'eau gazeuse
eine Flasche Sprudelwasser

du sel
Salz

du poivre
Pfeffer

de l'huile
Öl

du vinaigre
Essig

des cure-dents
Zahnstocher

une serviette (de table)
eine Serviette

Vous prenez … ?
Nehmen Sie …?

un café
einen Kaffee

un dessert
einen Nachtisch

Probleme?

C'est trop épicé/salé.
Es ist zu scharf/versalzen.

C'est froid.
Es ist kalt.

Aussprache
gn spricht man wie nj in „Anja":
campagne (Land ≠ Stadt)
ce que wird einfach [ßökö] ausgesprochen

Exercices

1 Verständnis und Aussprache

Verstehen Sie diese Sätze? Dann sprechen Sie sie bitte nach! ▶ 41

1. Voilà la salade au fromage de chèvre !
2. Ce n'est pas ce que j'ai commandé.
3. J'ai commandé une salade de tomates.
4. Vous prenez de l'eau gazeuse ?
5. L'addition, s'il vous plait.

2 Welche Artikelverbindung passt?

Hier macht nur eine Kombination Sinn. Am besten, Sie machen diese Übung zusammen mit Ihrem Tischnachbarn. Wie Sie wissen, verschmilzt de mit zwei Artikeln zu einer neuen Form.

Je voudrais ..., s'il vous plait.

1. de la	a. pain
2. du	b. sauce
3. des	c. eau
4. de l'	d. cure-dents

3 Hören und verstehen

Hören Sie sich diesen Dialog an und ergänzen Sie die Aussagen bzw. beantworten Sie die Fragen. ▶ 42

1. Alain veut une table ...	a. pour une personne
	b. pour deux personnes
2. Alain est végétarien ?	a. Oui, il est végétarien.
	b. Non, il n'est pas végétarien.
3. Comme entrée il prend ...	a. une ratatouille
	b. une soupe
4. Et comme boisson ?	a. Du vin blanc.
	b. Du vin rouge.

soupe = Suppe
ratatouille = provenzalisches Gemüseschmorgericht

4 Können Sie's auf Französisch sagen?

Versuchen Sie, die deutschen Sätze auf Französisch wiederzugeben. Sie finden Anregungen dazu im vorherigen Dialog.

1. Und wie ist der Salat?
2. Gut, aber etwas schwer.
3. Nimmst du noch einen Nachtisch?
4. Nein danke, ich nehme nur einen Kaffee.
5. Die Rechnung, bitte!

5 Bitte nachspielen

Spielen Sie den Dialog B mit Ihrem Tischnachbarn nach und improvisieren Sie mit den Ihnen bekannten Wendungen.

- Voilà la soupe de tomates !
- Excusez-moi, mais ce n'est pas ce que j'ai commandé. J'ai commandé ...
- Vous avez raison ! ...

L'essentiel d'un coup d'œil

Nicht verwechseln! ▶ 43

le champignon
der Pilz (allgemein)

le champignon de Paris
der Champignon

la chicorée
die/der Endivie(nsalat)

l'endive
der Chicorée

la marmelade
das Mus/Kompott

la confiture
die Konfitüre/Marmelade

la serviette
das Handtuch/die Serviette

Reserviert?

Nous avons réservé une table.
Wir haben einen Tisch reserviert.

À quel nom ?
Auf welchen Namen?

Ici, ça vous va ?
Ist es Ihnen hier recht?

Sonstiges

Excusez-moi, où sont les toilettes ?
Verzeihung, wo sind die Toiletten?

Au fond à droite/à gauche.
Hinten rechts/links.

Bestellen

Pouvez-vous nous apporter la carte/le menu, s'il vous plait ?	Können Sie uns bitte die Karte bringen?
Je voudrais commander …	Ich würde gerne … bestellen.
Nous voudrions commander …	Wir würden gerne … bestellen.
Vous voulez commander ?	Wollen Sie bestellen?
Qu'est-ce que vous prenez … ?	Was nehmen Sie …?
comme entrée …	als Vorspeise …
comme plat (principal) …	als Hauptgang …
J'aimerais …	Ich hätte gerne …
Nous aimerions …	Wir hätten gerne …
Pour moi …	Für mich …
un verre de vin	ein Glas Wein
une bière	ein Bier

Sonderwünsche

Quel vin me conseillez-vous ?	Welchen Wein empfehlen Sie mir?
Quel plat nous conseillez-vous ?	Welches Gericht empfehlen Sie uns?
Est-ce qu'il y a de la viande dans ce plat ?	Ist in diesem Gericht Fleisch?
C'est épicé ?	Ist es scharf?
Je suis végétarien/ne.	Ich bin Vegetarier/in.
Je suis allergique au lait.	Ich bin auf Milch allergisch.

Was man noch so braucht …

Qu'est-ce que vous avez comme dessert ?	Was haben Sie als Nachtisch?
Est-ce que vous pouvez nous apporter … ?	Können Sie uns … bringen?
un peu de pain	ein bisschen Brot
une bouteille d'eau plate	eine Flasche stilles Wasser
une bouteille d'eau gazeuse	eine Flasche Sprudelwasser
du sel	Salz
du poivre	Pfeffer
un couteau	ein Messer
une fourchette	eine Gabel
une cuillère	einen Löffel
des cure-dents	Zahnstocher
Vous prenez … ?	Nehmen Sie …?
un café	einen Kaffee
un dessert	einen Nachtisch

Was mir sonst noch wichtig ist

NOURRITURE & BOISSON

Est-ce que vous le saviez ?

Si vous voulez manger typiquement français et pas cher, vous devez aller dans l'une des nombreuses et très populaires *brasseries*. C'est ici que l'on trouve des spécialités régionales authentiques, souvent sous la forme de *plats du jour* à prix bon marché.

Steak frites

Partout en France, les steaks sont populaires, soit en *steak haché*, en *steak tartare*, *en entrecôte*, ou en *pavé de bœuf*. À la commande, précisez comment vous voulez la viande : *saignante*, *à point* ou *bien cuite*. Comme plat d'accompagnement, on mange des frites et une sauce de votre choix, par exemple *au poivre* ou *à la moutarde*.

L'addition, s'il vous plait !

En France, il est rare de demander des additions séparées. Si vous avez mangé avec des amis ou des gens de votre connaissance, soit quelqu'un paye tout, soit le montant final est divisé par le nombre de personnes. Et qu'en est-il du pourboire ? Vous le laissez simplement sur la table (environ 5–10 % du montant de la facture).

MENU

Entrées

la terrine du chef
crudités
salade de tomates
melon au Porto
potage aux légumes
soupe à l'oignon

Plats principaux

Viandes

entrecôte aux échalotes
côtelette de porc
escalope de veau aux champignons
bœuf bourguignon
steak tartare
cassoulet

Poissons

sole normande
truite meunière
daurade grillée
bouillabaisse

Desserts

crème brulée
tarte aux pommes
mousse au chocolat
feuilletée aux framboises
sorbets
crêpe Suzette

(Vous pouvez vérifier les plats inconnus dans la liste de mots à partir de la page 150.)

BRETAGNE – LA CÔTE SAUVAGE À L'OUEST

À ne pas manquer ! – les curiosités

La *Bretagne* est une région impressionnante qui s'étend loin dans l'Atlantique. Avec près de 3 000 km de côtes – aucun endroit à plus de 100 km de la mer – *Breizh*, comme l'appelle les Bretons, offre des paysages incomparables. Particulièrement impressionnante sont la *Côte de Granit Rose*, les falaises monumentales du *Cap Fréhel* ou la *Pointe du Raz*, mais aussi ses canaux tracés au milieu du *Parc naturel régional de Brière*. Les petites villes de *Combourg*, *Josselin* et *Locronan* ou *Quimper* vous invitent à la détente avec leur atmosphère chaleureuse et leur propre architecture.

Bon appétit ! – Spécialités régionales

Il n'est pas surprenant que les fruits de mer – en particulier les huitres, le homard, les langoustes et les moules – sont en tête des menus bretons. Vous ne devez donc pas manquer une vraie *cotriade* (sorte de soupe de poisson) ou les fantastiques *huitres de la rivière du Bélon*, que l'on ne mange qu'avec du pain et du beurre salé. Le produit d'exportation breton le plus connu est peut-être la *crêpe* – sucrée ou salée – bien que la variante classique au sucre reste probablement le best-seller. Pour ceux qui préfèrent les gâteaux, goutez le *kouign aman* (un gâteau au beurre léger) ou le *gâteau breton* (un gâteau rond imbibé de rhum).

Les bons tuyaux

Envie de baignade ? Aucun problème, sur le golfe du *Morbihan* se trouvent des plages de sable blanc qui vous invitent à vous rafraichir dans l'eau froide. En parlant d'eau, environ 800 petites et grandes iles entourent la côte bretonne, telles que *l'ile de Bréhat*, célèbre pour sa splendeur florale, *l'ile Molène*, réputée pour ses oiseaux rares ou l'archipel des *Sept Iles* où l'on peut regarder des phoques.

8

In Verbindung bleiben – Rester en contact

Was Sie in dieser Lektion lernen:
- wie man fragt, ob es WLAN gibt.
- wie man sagt, dass etwas nicht funktioniert.
- wie man über Probleme beim Skypen™ spricht.

E-Mails auf Französisch!

Können Sie die folgenden sechs Sonderzeichen ihren französischen Bezeichnungen zuordnen? Na wunderbar, dann buchstabieren Sie doch gleich mal Ihre E-Mail-Adresse oder Homepage.

1. @	a. trait oblique
2. -	b. tiret
3. _	c. point
4. .	d. arobase
5. /	e. trait
6. –	f. trait souscrit

de, at oder ch?

Man sagt: .de (**point d e**), .at (**point a t**) und .ch (**point c h**).

WLAN
J'ai une question.
Ich habe eine Frage.

Parfois le wifi fonctionne et parfois pas.
Ab und zu funktioniert das WLAN, ab und zu nicht.

entrer le mot de passe
das Passwort eingeben

C'est important d'utiliser seulement les lettres minuscules.
Es ist wichtig, alles in Kleinbuchstaben zu schreiben.

Vous pouvez peut-être réessayer.
Vielleicht können Sie es noch einmal versuchen.

La connexion est très faible.
Die Verbindung ist sehr schwach.

Je vais envoyer quelqu'un pour vérifier le hotspot.
Ich schicke jemanden, der den Hotspot überprüft.

en attendant
währenddessen

Für Profis
Internet (meist ohne Artikel)
das Internet

le portable
das Handy

la tablette
das Tablet

l'ordinateur
der Computer

le lecteur MP3
der MP3-Player

le texto
die SMS

Aussprache
Wifi wird uifi ausgesprochen.
MP3 = em pé trois

Il y a le wifi dans la chambre ?

Hören Sie den Dialog und setzen Sie die folgenden Ausdrücke ein. ▶ 44

mot de passe – gratuit – connexion – problème

- Bonjour, j'ai une question. Est-ce qu'il y a le wifi dans la chambre ?
- Bonjour, Monsieur. Oui, bien sûr. Et c'est gratuit.
- Très bien. Vous pouvez me donner le mot de passe, s'il vous plait ?
- Bien sûr. Voilà. Vous avez un accès ________________ à Internet dans tout l'hôtel.

...

- Excusez-moi mais le wifi ne fonctionne pas. Vous pouvez m'aider ?
- Oh, normalement, il n'y a pas de ________________. Vous êtes sûr d'avoir entré le ________________ correctement ? Vous pouvez peut-être réessayer. C'est important d'utiliser seulement les lettres minuscules.
- Oui, c'est ce que j'ai fait. Parfois le wifi fonctionne et parfois pas. Le problème c'est que la ________________ est très faible.
- Oh, désolé. Je vais envoyer quelqu'un pour vérifier le hotspot. Et en attendant, vous pouvez utiliser l'ordinateur dans le hall, d'accord ?
- Oui, très bien. Merci beaucoup.

Worauf es ankommt

Benutzen
Für „benutzen" sagt man utiliser: Vous pouvez utiliser l'ordinateur dans le hall. *(Sie können den Computer in der Lobby benutzen.)*

Technische Probleme
Est-ce que vous pouvez m'aider ? *(Können Sie mir helfen?)*, ... ne fonctionne/marche pas. *(... funktioniert nicht.)*, z. B.: le wifi *(das WLAN)*, la connexion *(die Verbindung)*, l'ordinateur *(der Computer)*, le portable *(das Handy)*, la tablette *(das Tablet)*. Wenn mehrere Dinge nicht funktionieren, sagt man: ... ne fonctionnent/marchent pas. *(... funktionieren nicht.)*

Ein bisschen Grammatik

Hier die Formen von pouvoir *(können, dürfen)* im Präsens (Gegenwart):

je peux	ich kann/darf
tu peux	du kannst/darfst
il/elle peut	er/sie kann/darf
nous pouvons	wir können/dürfen
vous pouvez	ihr könnt/dürft, Sie können/dürfen
ils/elles peuvent	sie können/dürfen

Exercices

1 Verständnis und Aussprache

Sicher verstehen Sie die folgenden Sätze. Na dann bitte mal nachsprechen! ▶ 45

1. J'ai une question.
2. Il y a le wifi dans la chambre ?
3. Le wifi est gratuit.
4. Vous pouvez me donner le mot de passe, s'il vous plait ?
5. Le problème c'est que la connexion est très faible.
6. Vous pouvez utiliser l'ordinateur dans le hall.

2 Bitte ordnen Sie

Ordnen Sie die Sätze des folgenden Dialogs so, dass er einen Sinn ergibt. Spielen Sie ihn danach zu zweit durch.

avoir besoin de = brauchen

__ Combien ça coute ?
__ Vous pouvez me donner le mot de passe ?
1 Bonjour, j'ai une question. Il y a le wifi dans la chambre ?
__ Vous n'avez pas besoin de mot de passe.
__ Rien, c'est gratuit.
__ Bien sûr, Monsieur.

3 Passende Formulierungen

Finden Sie die passenden Formulierungen für folgende Gesprächssituationen.

1. fragen, ob es im Zimmer WLAN gibt ____________________
2. fragen, ob das WLAN kostenlos ist ____________________
3. nach dem Passwort fragen ____________________
4. sagen, dass das WLAN nicht funktioniert ____________________
5. sagen, dass die Verbindung sehr schwach ist ____________________

4 Welche Verbform passt?

Ergänzen Sie die fehlenden Verbformen von pouvoir.

peux – pouvez – peut – pouvons – peux – peuvent

1. Paul ne ____________________ pas utiliser l'ordinateur.
2. Tu ____________________ me donner mon portable ?
3. Vous ____________________ utiliser ma tablette.
4. Nous ne ____________________ pas entrer le mot de passe correctement.
5. Je ____________________ t'envoyer un texto ?
6. Ils ne ____________________ pas m'aider.

5 Bitte nachspielen

Spielen Sie den Dialog nach und verwenden Sie die Ihnen bekannten Wörter und Wendungen.

- ● Bonjour. Il y a ... dans la chambre ?
- ■ Bonjour. ...
- ● Vous pouvez me donner ..., s'il vous plait ?
- ■ ...
- ● ... ne fonctionne pas.
- ■ Oh, désolé. Je vais envoyer quelqu'un pour ...

Skypen™

Je t'entends, mais je ne te vois pas.
Ich höre dich, aber ich sehe dich nicht.

Tu dois allumer la webcam.
Du musst die Webcam anschalten.

Peut-être que ton micro est désactivé.
Vielleicht ist bei dir das Mikrofon ausgeschaltet.

J'entends un écho.
Ich höre ein Echo.

Je ferme le programme et on réessaie.
Ich mache zu und wir versuchen es noch einmal.

Je peux te rappeler ?
Kann ich dich zurückrufen?

Je te vois bien enfin.
Endlich sehe ich dich.

Auch wichtig

le bouton
der Knopf/Button

l'écran
der Bildschirm

le micro
das Mikrofon

les écouteurs
die Kopfhörer

le clé USB
der USB-Stick

Aussprache
Vorsicht, das französische v wird nicht wie das deutsche v in „Vogel" gesprochen, sondern wie w in „Wagen".

Tu dois allumer la webcam.

Hören Sie den folgenden Dialog. ▶ 46

- Allo, Pierre, tu m'entends ?
- Oui, je t'entends, mais je ne te vois pas. Tu dois allumer la webcam.
- Qu'est-ce que je dois faire ?
- Tu dois allumer la webcam. Clique sur l'icône de la webcam. Voilà, c'est mieux. Ça me fait plaisir de te revoir. Comment ça va ? Claire ? Peut-être que ton micro est désactivé.
- Oh, désolée. J'ai appuyé sur le mauvais bouton ...ton
- Claire, j'entends un écho. Je ferme le programme et on réessaie. Je peux te rappeler ?
- Oui, d'accord.

...

- Allo ! C'est mieux maintenant. Je te vois bien enfin.
- Mais je ne te vois pas, l'écran est noir.
- Oh, non. Attends une seconde ... C'est mieux ?
- Oui, oui, maintenant c'est très bien.
- Très bien, alors, on peut commencer maintenant ?
- Oui, allez, commençons ...

Worauf es ankommt

Was man machen muss
Qu'est-ce que je dois faire ? *(Was muss ich tun?)*, Tu dois allumer la webcam. *(Du musst die Webcam einschalten.)*

Anweisungen geben
Clique sur l'icône ... *(Klicke auf das ...-Symbol.)*, Attends une seconde. *(Warte einen Moment.)*

Ein bisschen Grammatik

Weitere Formen wichtiger Verben, die Sie bereits kennen:

je dois	ich muss
on doit	man muss, wir müssen
vous devez	Sie müssen, ihr müsst
je veux	ich will
nous voulons	wir wollen
je voudrais	ich hätte/würde gerne, ich möchte
nous voudrions	wir hätten/würden gerne, wir möchten

Exercices

1 Verständnis und Aussprache

Sicher verstehen Sie die folgenden Sätze aus dem Dialog. ▶ 47
Dann sprechen Sie sie bitte nach!

1. Je t'entends, mais je ne te vois pas.
2. Tu dois allumer la webcam.
3. Clique sur l'icône de la webcam.
4. Ça me fait plaisir de te revoir.
5. J'ai appuyé sur le mauvais bouton.
6. Alors, on peut commencer maintenant ?

2 Was passt zueinander?

Bitte ordnen Sie zusammen mit Ihrem Tischnachbarn dem Satzbeginn in der linken Spalte das Satzende in der rechte Spalte zu.

1. Je t'entends, ...	a. bien enfin.
2. Peut-être que ...	b. une seconde.
3. Je te vois ...	c. le programme.
4. Attends ...	d. mais je ne te vois pas.
5. Je ferme ...	e. ton micro est désactivé.

3 Hören und verstehen

Können Sie die folgenden Fragen zu dem Hörtext beantworten? ▶ 48

résoudre = lösen

1. Qui a un problème ?
   a. Marie.
   b. Luc.
2. Qu'est-ce que Luc doit faire ?
   a. Allumer la webcam.
   b. Allumer le micro.
3. Ils peuvent résoudre le problème enfin ?
   a. Oui.
   b. Non.

4 Passende Formulierungen

Finden Sie im Dialog 8b die passenden Formulierungen für folgende Gesprächssituationen.

1. fragen, ob man zurückrufen kann ______
2. fragen, was man tun soll ______
3. sagen, dass der Gesprächspartner auf das Webcam-Symbol klicken soll ______
4. sagen, dass es jetzt besser geht ______
5. fragen, ob man jetzt anfangen kann ______

5 Bitte nachspielen

Spielen Sie den Dialog nach und verwenden Sie die Ihnen bekannten Wörter und Wendungen.

- ● Allo, ... ?
- ■ Oui, je t'entends, mais ...
- ● Qu'est-ce que je ... ?
- ■ Tu dois ... Clique ...
- ● D'accord. C'est ... ?
- ■ Oui, alors, ...

L'essentiel d'un coup d'œil

Wichtige Wendungen ▶ 49

Le wifi est gratuit ?
Ist das WLAN kostenlos?

... ne fonctionne(nt)/marche(nt) pas.
... funktioniert/funktionieren nicht.

Vous avez accès à Internet dans tout l'hôtel.
Sie haben im ganzen Hotel Internetzugang.

Est-ce que vous pouvez m'aider ?
Können Sie mir helfen?

Floskeln fürs Skypen™

Allo, tu m'entends ?
Hallo, hörst du mich?

Ça me fait plaisir de te revoir.
Schön, dich wiederzusehen.

J'entends un écho.
Ich höre ein Echo.

Je te vois bien enfin.
Endlich sehe ich dich.

C'est mieux maintenant.
Jetzt ist/geht es besser.

WLAN

Il y a le wifi dans la chambre ?	Gibt es im Zimmer WLAN?
Vous pouvez me donner le mot de passe ?	Können Sie mir bitte das Passwort geben?
Le wifi ne fonctionne pas.	Das WLAN funktioniert nicht.
Vous avez entré le mot de passe correctement ?	Haben Sie das Passwort korrekt eingegeben?
C'est important d'utiliser seulement les lettres minuscules.	Es ist wichtig, alles in Kleinbuchstaben zu schreiben.
La connexion est très faible.	Die Verbindung ist sehr schwach.
Vous pouvez envoyer quelqu'un pour vérifier le hotspot ?	Können Sie jemanden schicken, der den Hotspot kontrolliert?
le portable	das Handy
la tablette	das Tablet
l'ordinateur	der Computer

Skypen™

Je t'entends, mais je ne te vois pas.	Ich höre dich, aber ich sehe dich nicht.
Qu'est-ce que je dois faire ?	Was muss ich tun?
Tu dois allumer la webcam.	Du musste die Webcam einschalten.
Clique sur l'icône de la webcam.	Klicke auf das Webcam-Symbol.
Peut-être que ton micro est désactivé.	Vielleicht ist bei dir das Mikrofon ausgeschaltet.
Je peux te rappeler ?	Kann ich dich zurückrufen?
J'ai appuyé sur le mauvais bouton.	Ich habe den falschen Button gedrückt.
L'écran est noir.	Der Bildschirm ist schwarz.

Was mir sonst noch wichtig ist

INTERNET & TÉLÉPHONE

Toujours en ligne

Bien sûr, l'accès à Internet devient plus facile, aussi partout dans le monde francophone. Heureusement, la plupart des hôtels offrent maintenant un accès wifi gratuit dans la chambre ou dans le hall. De plus en plus de cafés, de restaurants, d'aéroports internationaux, de centres commerciaux et même des parcs publics offrent des points d'accès wifi.

Est-ce que vous le saviez ?

Attention, un mot à consonance française n'a pas toujours la même signification dans l'original. La *batterie* en français signifie « Akku », « Autobatterie » ou « Schlagzeug », une « Batterie » est appelée *pile*. Le *clavier* signifie « Tastatur », alors que le « Klavier » s'appelle *piano*. Et savez-vous ce qu'est un *feuilleton* en français ? C'est un roman qui est publié par fragments dans un journal (Fortsetzungsroman), et les pages culturelles d'un journal s'appellent *rubrique culture*. Et quand en français on parle de *régisseur*, on pense à l'assistant du *réalisateur*, qui est le « Regisseur ». De plus, les Français distinguent *appartement* (Wohnung) et *studio* (Apartment), le *trésor* désigne « Schatz » et non le « Tresor » (*coffre-fort*), ah oui et le *bureau* signifie « Büro » ainsi que « Schreibtisch ».

Appeler à la maison ?

Saviez-vous que l'*indicatif régional* doit également être composé à l'intérieur des différentes régions, du réseau fixe au réseau fixe et du mobile au réseau fixe ? L'indicatif pour la France est le 0033 et le 0032 pour la Belgique. Le 0 suivant du numéro local ou mobile ne doit pas être composé pour les appels de l'étranger.

Allo !

Les Français répondent au téléphone généralement par *allo !* et pas avec leur nom de famille. Alors, ne raccrochez pas si vous pensiez vous être trompé de numéro.

BORDEAUX & LE SUD-OUEST – SUR LA CÔTE D'ARGENT

À ne pas manquer ! – les curiosités

Bordeaux est le point de départ d'un voyage dans le sud-ouest de la France – avec sa très chic *rue Sainte-Catherine*, les *Quais*, *l'esplanade des Quinconces* et l'élégante *Place de la Bourse*. Si vous voulez faire un plongeon dans l'océan Atlantique, dirigez-vous vers la station balnéaire *d'Arcachon*, à environ 50 km de la ville, avec sa promenade du bord de mer et son port ostréicole. Là, vous pourrez encore sentir le charme de la fin du XIXe siècle. Depuis Arcachon s'étend la *Côte d'Argent* sur 100 km avec des plages de sable fin jusqu'à *Biarritz*.

Bon appétit ! – Spécialités régionales

Qui ne pense pas au vin en parlant de Bordeaux ? En effet, les gouttes pressées ici sont de première classe ! Mais aussi du point de vue gastronomique, le sud-ouest de la France est formidable. On y aime les belles créations culinaires de poissons de la *Gironde* – le plus grand estuaire d'Europe – comme la *lamproie*, ou *l'alose* (souvent grillé), et bien sûr aussi des huitres. Mais on y mange également des plats savoureux comme *l'agneau de Pauillac* ou le *foie gras* du *Périgord*. Les amateurs de fromage renonceront volontiers à d'autres fromages pour un *Brebis* des Pyrénées, et comme digestif, vous ne devez pas manquer *l'eau-de-vie* régionale de la poire *Williams* ou le brandy appelé *Armagnac*.

Les bons tuyaux

Vous recherchez la vue la plus extraordinaire ? Allez au phare de la ville préférée des surfeurs, *Biarritz*, car c'est ici, sur les falaises de la *Pointe Saint-Martin*, que vous pouvez même voir la côte espagnole par temps clair. Si vous préférez être encore un peu plus seul, vous ne serez pas déçu par une excursion à travers les impressionnantes montagnes autour de *Pau*.

9

In der Bank und auf der Post – À la banque et à la poste

Was Sie in dieser Lektion lernen:
- wie man bei Problemen am Geldautomaten reagiert.
- wie man im Tabakladen Briefmarken und anderes kauft.
- wie man auf der Post eine Sendung aufgibt.

Herzliche Urlaubsgrüße

Können Sie die Texte dieser drei Postkarten aus Frankreich den drei Fotos zuordnen?

Cher Jean,
Bons baisers de
la Rochelle,
Christine & Paul

Bonjour, comment allez-vous ?
Amicales pensées de Colmar,
Reiner Meyer

Salut les amis !
Grosses bises de Grenoble.
À bientôt, Ronnie

La Poste
Die staatliche Post in Frankreich hat etwa 250.000 Angestellte und bietet nicht nur Versand-, sondern auch Bankdienstleistungen an.
Mehr Informationen gibt es unter **www.laposte.fr**.

Am Geldautomaten
le distributeur/la tirette
der Geldautomat

la carte de crédit
die Kreditkarte

la carte bancaire
die EC-Karte

faire le code (secret)
die Geheimzahl eingeben

introduire la carte
die Karte einführen

retirer la carte/l'argent
die Karte/das Geld entnehmen

Appuyez sur valider/annuler/corriger.
Drücken Sie Bestätigen/Abbrechen/Korrektur.

Probleme
Qu'est-ce que je dois faire pour ... ?
Was muss/soll ich machen, um ...?

récupérer ma carte
meine Karte zurückzubekommen

Avez-vous fait le mauvais code ?
Haben Sie die falsche Geheimzahl eingegeben?

Votre banque doit nous envoyer un mail.
Ihre Bank muss uns eine E-Mail schicken.

Der Konditional
Der Konditional vieler Verben ist unregelmäßig. Sie kennen bereits: je pourrais (ich könnte/dürfte), je devrais (ich müsste/sollte), vous devriez (ihr müsstet/solltet, Sie müssten/sollten), je voudrais (ich möchte/hätte gerne), nous voudrions (wir möchten/hätten gerne).

Das Partizip der Vergangenheit
wird u.a. zur Bildung der zusammengesetzten Vergangenheit gebraucht (siehe Seite 98).

Le distributeur s'est bloqué.

Hören Sie den Dialog. Wer sagt was? Schreiben Sie K für die Kundin und B für den Bankangestellten auf die Linien. ▶ 50

Introduisez la carte ...
Tapez le code et appuyez sur « valider »
Problème de liaison ... Introduisez la carte ...
____ Hein ?
Introduisez la carte ...
____ Mais elle est déjà introduite ... Hé, ma carte !
Introduisez la carte ...
____ Bonjour, Madame, dites-moi ...
____ Le distributeur s'est bloqué et il ne me rend pas la carte !
____ Vous avez peut-être fait le mauvais code.
____ Non, non, le code est juste ! J'en suis sûre. Qu'est-ce que je dois faire pour récupérer ma carte ?
____ Ne vous inquiétez pas, nous la renvoyons à votre banque dans quelques jours.
____ Comment ? Dans quelques jours ?! Est-ce que je ne pourrais pas l'avoir tout de suite ? Je dois payer l'hôtel, et puis comment je fais sans argent ?
____ Bon, alors votre banque doit nous envoyer un mail avec l'autorisation. C'est malheureusement comme ça. Ce sont nos règles.
____ Ok. Quelle est votre adresse mail ?

Worauf es ankommt

Probleme am Geldautomaten
Le distributeur ne me rend pas la carte ! *(Der Geldautomat gibt mir die Karte nicht zurück!)* oder Je ne peux pas retirer d'argent avec ma carte. *(Ich kann kein Geld mit meiner Karte abheben.)*

Bankverbindung
Quelle est votre banque ? *(Wie heißt Ihre Bank?)*, Quel est votre code IBAN ? *(Wie ist Ihr IBAN-Code?)* oder Quel est votre numéro de compte ? *(Wie ist Ihre Kontonummer?)*

Ein bisschen Grammatik

Verben auf -er bilden das Partizip der Vergangenheit immer auf -é, Verben auf -ir und -ire bilden es meist auf -i bzw. -it und Verben auf -(d)re und -oir auf -u bzw. -û: bloquer → bloqué *(blockiert)*, partir → parti *(abgereist)*, introduire → introduit *(eingeführt)*, attendre → attendu *(gewartet)*, devoir → dû *(gemusst)*.

Exercices

1 Verständnis und Aussprache

Sprechen Sie bitte diese Sätze nach! Wenn Sie sich den A-Dialog gut durchgelesen haben, sollte auch das Verständnis keine Probleme machen. ▶ 51

1. Bonjour, Madame, dites-moi ...
2. J'ai un problème avec le distributeur.
3. Malheureusement, il ne me rend pas la carte !
4. Vous avez peut-être fait le mauvais code ...
5. Comment je fais sans argent ?
6. Nous renvoyons la carte à votre banque.

2 Welche Verben passen?

Lesen Sie die Sätze jeweils zu zweit und ergänzen Sie die fehlenden Verben.

est – inquiétez – payer – bloqué – suis – devez

1. Je dois ____________ l'hôtel.
2. Vous ____________ envoyer un mail.
3. Le code ____________ juste !
4. J'en ____________ sûre.
5. Ne vous ____________ pas !
6. Le distributeur s'est ____________.

3 Bilden Sie die Partizipien

Wie lauten die Partizipien dieser Verben?

1. bloquer ____________
2. payer ____________
3. introduire ____________
4. installer ____________
5. partir ____________
6. attendre ____________

4 Wer wird der Rechenmeister?

Geben Sie Ihrem Tischnachbarn ausgehend von 20 eine der folgenden Rechenanweisungen. Dieser sagt das Ergebnis und stellt dann ausgehend davon seinem Nachbarn die nächste Rechenaufgabe.

Vingt **plus quatorze** égalent **trente-quatre**. **Trente-quatre** ...

1. plus 14
2. moins 32
3. plus 17
4. plus 55
5. moins 42
6. moins 19
7. plus 36
8. moins 10
9. moins 14
10. plus 30
11. moins 9
12. plus 26

5 Bitte nachspielen

Spielen Sie in Zweiergruppen das Gespräch zwischen dem Touristen und dem Bankangestellten nach. Hier eine Anregung, welche Wörter darin vorkommen sollten.

■ ... dites-moi ...
● ... problème ... le distributeur ... bloqué. ... ne redonne pas la carte.
■ Vous ... fait le mauvais code.
● ... code ... juste ! ... dois faire ?
■ ... envoyer à votre banque ... mail.

In der *bar-tabac*

Je prends …
Ich nehme …

cette carte postale
diese Postkarte

un timbre
eine Briefmarke

des cigarettes
Zigaretten

un magazine
eine Zeitschrift

le journal
die Zeitung

une sucrerie
eine Süßigkeit

Auf der Post

la poste
die Post

la lettre
der Brief

le paquet
das Paket

le petit paquet
das Päckchen

Normal ou recommandé ?
Normal oder eingeschrieben?

Prioritaire ou normal ?
Express oder normal?

Aussprache
s wird im Französischen auch vor c, p oder t als s gesprochen und nicht wie im Deutschen „Sport" oder „Stall" wie sch.

Je voudrais envoyer un paquet.

Hören Sie den Dialog. Für welche Versandart entscheidet sich die Kundin? ▶ 52

● Bonjour, je prends cette carte postale et un timbre. Et ce journal, s'il vous plait.
■ Ça fait six euros cinquante.
● Ah, et je voudrais envoyer un paquet.
■ Malheureusement, ce n'est pas possible ici. Pour les paquets vous devez aller à la poste, vous en avez une à côté, juste à droite.
● D'accord, merci. Au revoir …
…
▲ Le prochain, s'il vous plait !
● Bonjour … Je voudrais envoyer ce paquet en Allemagne.
▲ Recommandé ou normal ?
● Comment, excusez-moi ? Je n'ai pas compris …
▲ Voulez-vous l'envoyer par voie normale ou en recommandé ?
● Ah oui, j'ai compris, normal, c'est très bien, merci.
▲ Alors, ça fait sept euros.

Worauf es ankommt

Post versenden …
Man sagt: Je voudrais envoyer … *(Ich würde gerne … schicken.)*, gefolgt von der jeweiligen Sendung. Braucht man etwas, sagt man: J'ai besoin … *(Ich brauche …)*, z. B. d'un timbre/de deux timbres pour … *(eine Briefmarke/zwei Briefmarken nach …)*, gefolgt vom jeweiligen Land.

Das kostet …
Man hört: Ça coute … *(Es/Das kostet …)* oder Ça fait … *(Es/Das macht …)*

Ein bisschen Grammatik

Vergessen Sie nicht, dass im Französischen Hauptwörter auch in der Mehrzahl einen unbestimmten Artikel kennen. Im Unterschied zum Deutschen muss dieser bei unbestimmten Mengenangaben immer stehen:

Je prends des cigarettes.	Ich nehme Zigaretten.
Je voudrais des cartes postales.	Ich hätte gerne Postkarten.

Aber:

un paquet de cigarettes	ein Päckchen Zigaretten
J'ai besoin de timbres.	Ich brauche Briefmarken.

Exercices

1 Verständnis und Aussprache

Verstehen Sie alle Sätze? Na dann bitte einmal nachsprechen! ▶ 53

1. Je prends cette carte postale.
2. J'ai aussi besoin de timbres.
3. Je voudrais envoyer ce paquet en Autriche.
4. Normal ou recommandé ?
5. Normal c'est très bien, merci.
6. Ça fait huit euros cinquante.

2 Ordnung ist die halbe Übung!

Dieser Dialog ist ziemlich durcheinandergeraten. Können Sie ihn wieder richtig ordnen? Am besten zusammen mit Ihrem Nachbarn.

___ Un timbre pour la France ?
___ J'ai aussi besoin d'un timbre.
___ Alors, ça fait un euro vingt-sept.
_1_ Bonjour, je prends cette carte postale.
___ Voilà.
___ Non, pour l'Allemagne.

3 Hören und verstehen

Bitte achten Sie in diesem Hörtext erneut genau auf alle Informationen und ergänzen Sie die Aussagen bzw. beantworten Sie die Fragen. ▶ 54

1. Fabienne veut envoyer ...
   a. un paquet
   b. un petit paquet
2. Normal ou recommandé ?
   a. Normal.
   b. Recommandé.
3. Ella a aussi besoin ...
   a. d'un timbre
   b. de trois timbres
4. Combien ça coute ?
   a. Cinq euro soixante.
   b. Six euros cinquante.

4 Bitte vervollständigen

Setzen Sie die vorgegebenen Wörter in den Mustersatz ein. Alles klar?

Je voudrais envoyer **ce paquet** en **Belgique**.

1. ce paquet – Allemagne ______________________
2. cette carte postale – Autriche ______________________
3. cette lettre – Suisse ______________________
4. ces paquets – France ______________________
5. ces cartes postales – Italie ______________________
6. ce petit paquet – Belgique ______________________

5 Bitte nachspielen

Wie so oft sollen Sie hier den Lektionsdialog noch einmal in Zweiergruppen durchspielen. Was Sie verschicken möchten, bleibt Ihnen überlassen.

- ■ Le prochain, s'il vous plait !
- ● Je voudrais envoyer ... en ...
- ■ Recommandé ou normal ?
- ● ... Combien ça coute ?
- ■ Ça fait ... euros.

L'essentiel d'un coup d'œil

Wichtige Ausdrücke ▶ 55

Dites-moi ...
Bitte ...

Je n'ai pas compris.
Ich habe (es) nicht verstanden.

J'en suis sûr/e !
Ich bin (mir) sicher!

Ne vous inquiétez pas !
Keine Sorge!

dans quelques jours
in einigen Tagen

Was man in der *bar-tabac* noch so kauft

du papier à cigarettes
Zigarettenpapier

des filtres
Filter

des cigares
Zigarren

un briquet
ein Feuerzeug

des allumettes
Streichhölzer

un journal (allemand)
eine (deutsche) Zeitung

un magazine (allemand)
eine (deutsche) Zeitschrift

Am Geldautomaten

le distributeur/la tirette	der Geldautomat
la carte de crédit	die Kreditkarte
la carte bancaire	die EC-Karte
faire le code (secret)	den Geheimcode eingeben
introduire la carte	die Karte einführen
retirer la carte	die Karte entnehmen
Appuyez sur ...	Drücken Sie ...
confirmer/annuler/corriger	Bestätigen/Abbrechen/Korrektur

Probleme

J'ai un problème avec le distributeur.	Ich habe ein Problem mit dem Geldautomaten.
Je ne peux pas retirer d'argent.	Ich kann kein Geld abheben.
Il ne me redonne pas la carte.	Er gibt mir die Karte nicht zurück.
Qu'est-ce que je dois faire ?	Was muss ich machen?
Avez-vous fait le mauvais code ?	Haben Sie die falsche Geheimzahl eingegeben?
Nous avons besoin ...	Wir brauchen ...
d'une autorisation de votre banque	eine Genehmigung von Ihrer Bank
J'ai perdu ma carte de crédit.	Ich habe meine Kreditkarte verloren.
Quand est-ce que je pourrais ravoir la carte de crédit ?	Wann kann ich die Kreditkarte wieder haben?
Est-ce que je peux prélever de l'argent au guichet ?	Kann ich am Schalter Geld abheben?

In der bar-tabac

Je prends ...	Ich nehme ...
cette carte postale	diese Postkarte
un timbre	eine Briefmarke
des cigarettes	Zigaretten

Auf der Post

la poste	die Post
la lettre	der Brief
le paquet	das Paket
le petit paquet	das Päckchen
l'enveloppe	der Briefumschlag/das Kuvert
Normal ou recommandé ?	Normal oder eingeschrieben?
Prioritaire ou normal ?	Express oder normal?
Avec accusé de réception ?	Mit Empfangsbestätigung?

Was mir sonst noch wichtig ist

BANQUE ET POSTE

Au guichet automatique

La carte Eurochèque peut également être utilisée pour retirer de l'argent à n'importe quel distributeur en France et en Belgique. Les frais de retrait par carte de crédit sont souvent plus élevés. Les cartes de crédit sont acceptées dans la plupart des restaurants et des magasins, ainsi que dans toutes les stations-service.

Les boites aux lettres jaunes ont généralement deux ouvertures, une pour le courrier de la ville et l'autre pour les envois vers d'autres lieux. Les *timbres* sont obtenus dans les *bureaux de poste* et dans les *bureaux de tabac* que l'on reconnait au panneau en forme de carotte rouge avec l'indication « Tabac » écrit en blanc.

À la poste

À l'époque des SMS, des e-mails et WhatsApp, les cartes postales peuvent sembler démodées, mais beaucoup de personnes seront ravies de recevoir un petit message postal. Avec la méthode d'expédition appelée *poste prioritaire* les livraisons au sein de l'UE ne prennent que trois jours.

Est-ce que vous le saviez ?

Si vous êtes intéressé par le développement de la poste en France, vous devriez visiter *l'Adresse musée de La Poste* à Paris. Vous trouvez plus d'informations sur www.ladressemuseedelaposte.fr

NORMANDIE – LA DOUCEUR AU NORD

À ne pas manquer ! – les curiosités

Près de Paris et des côtes anglaises, la *Normandie* est devenue dès le début du XIXe siècle une destination touristique aimée de la noblesse et de la bourgeoisie. À ce jour, les stations balnéaires telles que *Dieppe*, *Trouville-sur-Mer*, *Villers-sur-Mer* ou la célèbre *Deauville* conservent le style *Belle Époque*. Mais une visite en Normandie sans une visite au légendaire *Mont-Saint-Michel* serait incomplète, car le monastère situé dans la mer est vraiment une expérience d'un genre particulier. Qui veut ressentir la marée doit faire une randonnée sur les falaises qui atteignent 110 m de hauteur entre *Le Havre* et *Étretat* dont le vaste panorama a inspiré l'impressionniste Claude Monet.

Bon appétit ! – Spécialités régionales

Ceux qui pensent à la Normandie en France ont inévitablement les trois C en tête : le *camembert*, le *cidre* (le jus de pomme fermenté) et le *calvados* (le brandy à la pomme). Mais aussi la saucisse appelée *l'andouille de Vire*, les *tripes à la mode de Caen* ou les nombreuses spécialités de homard – par exemple *homard au calvados* – valent le détour. Les amateurs de sucreries aimeront les desserts aux pommes – au moins 10 millions de pommiers poussent en Normandie – comme la *tarte Tatin* ou les *aumônières de pommes au Calvados*.

Les bons tuyaux

Les amateurs de chevaux ne sont pas les seuls à être fascinés par le haras national des races de chevaux nobles comme le *Percheron*. Le château baroque du *Haras du Pin* est situé à l'ouest *d'Argentan*. Et aujourd'hui, où trouve-t-on la vie ? Eh bien, visitez la ville portuaire de *Cherbourg* avec ses pubs animés. Et si vous êtes intéressé par la musique, vous ne devriez pas manquer le festival sur l'ile de *Tatihou* en aout. Vous y arrivez en traversant à pied à marée basse.

10

Auf Reisen – En voyage

Das liebe Wetter!

Sehen Sie sich die Fotos an und versuchen Sie, jedes mit einem der folgenden Sätze zum Thema Wetter in Verbindung zu bringen.

1. Il fait soleil.
2. Il fait froid.
3. Il y a du brouillard.
4. Il pleut.
5. Il y a du vent.

Was Sie in dieser Lektion lernen:

- wie man sich nach dem richtigen Fahrschein erkundigt.
- wie man fragt, welches Verkehrsmittel man am besten nimmt.
- wie man einem Taxifahrer sagt, wohin man fahren will.
- wie man Small Talk macht.
- wie man das Wetter beschreibt.

Vélo à louer

Viele französische Städte und Regionen eignen sich bestens dazu, per „Drahtesel" erkundet zu werden. Praktisch überall finden sich lokale Vermieter.

Vous devez prendre un taxi.

Hören Sie den Dialog. Welche Buslinie fährt zum Flughafen? ▶ 56

- Bonjour, un ticket, s'il vous plait.
- Ça fait un euro soixante-dix.
- Excusez-moi, un ticket valable pour la journée ça coute combien ? Et un abonnement hebdomadaire ?
- Bon, un ticket pour la journée coute neuf euros soixante-quinze et un abonnement hebdomadaire vingt-neuf euros quatre-vingt.
- Alors, je prends un billet pour la journée. Comment je fais pour aller à l'aéroport d'ici ?
- D'ici, vous prenez l'autobus, la ligne 21. Vous descendez à l'arrêt Glacière, puis vous prenez le métro en direction Étoile jusqu'à Denfert-Rochereau et de là, vous prenez la navette, l'Orlybus jusqu'au terminus.
- Très bien, merci.
- Mais aujourd'hui jeudi, il y a grève, attention !
- Oh non, justement jeudi ! Et comment je fais ?
- Eh bien, vous devez prendre un taxi ...

Worauf es ankommt

Wie komme ich nach/zu ...?
Man fragt am besten: Comment je fais pour aller à ... (d'ici/depuis ici) ? *(Wie komme ich [von hier] nach/zu ...?)* oder einfach Comment je vais à ... ? *(Wie komme ich nach/zu ...?)*
Außerdem: Quelle ligne/Quel numéro je dois prendre ? *(Welche Linie/Nummer muss ich nehmen?)* und Où est-ce que je dois changer ? *(Wo muss ich umsteigen?)*

Transportverbindungen
Wichtige Sätze: Vous prenez ... *(Sie nehmen ...)*, Vous allez (jusqu')à l'arrêt/la station ... *(Sie fahren [bis] zur Station ...)*, Vous descendez à ... *(Sie steigen in ... aus.)*, Vous devez prendre la ligne/le numéro ... *(Sie müssen die Linie/Nummer ... nehmen.)*

Ein bisschen Grammatik

Das Verhältniswort à verschmilzt mit den bestimmten Artikeln le und les zu folgenden Formen:

à + le = au → au parc *(in den/zum Park)*
à + les = aux → aux Tuileries *(zu den Tuilerien)*
Aber : à + la = à la → à la gare *(zum Bahnhof)*

Bus, U-Bahn, Straßenbahn

l'autobus/le bus
der Bus

la navette
der Pendelbus

le métro(politain)
die U-Bahn

le tram
die Straßenbahn

l'arrêt
die Haltestelle

la gare
der Bahnhof/die Station

le terminus
die Endhaltestelle

Est-ce que je dois changer ?
Muss ich umsteigen?

Oui, vous devez descendre à ...
Ja, Sie müssen in ... aussteigen.

Dans quelle direction ?
In welche Richtung?

Vous pouvez me dire quand nous sommes à ... ?
Können Sie mir sagen, wann wir in ... sind?

Il y a grève.
Es gibt einen Streik.

Fahrkarten

Où est-ce que je peux acheter le billet/le ticket ?
Wo kann ich die Fahrkarte kaufen?

Où se trouve le guichet ?
Wo ist der Fahrkartenschalter?

Je voudrais un billet normal/valable pour la journée.
Ich hätte gerne eine normale Fahrkarte/ein Tagesticket.

Je voudrais un abonnement hebdomadaire/mensuel.
Ich hätte gerne eine Wochen-/Monatskarte.

Exercices

1 Verständnis und Aussprache

Die alte Story! Erst verstehen und dann einfach nachsprechen bitte! ▶ 57

1. Je voudrais un ticket normal, s'il vous plait.
2. De là, vous prenez le bus.
3. Quelle ligne je dois prendre ?
4. Vous descendez au terminus.
5. Aujourd'hui, il y a grève ...

2 Präposition + Artikel

Bilden Sie zu zweit Sätze und achten Sie auf die richtige Kombination aus Verhältniswort und Artikel. Unbekannte Wörter können Sie im alphabetischen Wortschatz nachschlagen.

Comment je fais pour aller à ... ?

1. aéroport *Comment je fais pour aller à l'aéroport ?*
2. port ____________________
3. parc municipal ____________________
4. pension ____________________
5. place de la Bastille ____________________
6. mon hôtel ____________________

3 Was passt zusammen?

Bitte ordnen Sie zu zweit den Satzbeginn in der linken Spalte dem Satzende in der rechten Spalte zu.

1. Un ticket pour
2. Vous prenez l'autobus,
3. Comment je fais pour
4. Combien coute un
5. Vous descendez à la

a. abonnement hebdomadaire ?
b. la journée, s'il vous plait.
c. station Saint-Paul.
d. la ligne 30.
e. aller au marché ?

4 Was gehört wohin?

Vervollständigen Sie bitte die Sätze mit den angegebenen Wörtern.

jusqu'à – arrêt – devez – la journée – ligne – abonnement

1. Combien coute un billet pour ____________________ ?
2. Je voudrais un ____________________ mensuel.
3. Vous allez ____________________ l'arrêt place de la République.
4. Il y a grève, vous ____________________ prendre un taxi.
5. Au sixième ____________________ vous descendez à l'Opéra.
6. Alors, quelle ____________________ je dois prendre ?

5 Fernweh

Auf Seite 145 finden Sie einen Metroplan. Ausgangspunkt ist gare centrale. Jeder fragt seinen Tischnachbarn, wie er zu einem bestimmten Ziel kommt, und lässt sich den Weg nach dem Musterdialog erklären.

- Comment je fais pour aller ... d'ici ?
- C'est facile, vous prenez la ligne ... vous descendez à ..., là vous devez changer à la ligne ... en direction ... jusqu'à l'arrêt ...
- Très bien, merci.

Taxi
le taxi
das Taxi
le chauffeur de taxi
der Taxifahrer
Pouvez-vous appeler un taxi, s'il vous plait ?
Können Sie bitte ein Taxi rufen?
Je voudrais un taxi pour ...
Ich hätte gerne ein Taxi nach/zu ...
Combien ça fait ?
Wie viel macht das?

Small Talk
Quel temps, hein ?!
Was für ein Wetter?!
Quelle chaleur, aujourd'hui !
Wie heiß es heute ist!
Quel froid, aujourd'hui !
Wie kalt es heute ist!
Il pleut toujours comme ça, ici ?
Regnet es hier immer so?
Quel temps il fera demain ?
Wie wird das Wetter morgen?
Ça devrait s'améliorer/empirer.
Es sollte besser/schlechter werden.
Vous partez déjà ?
Sie gehen/fahren schon?
Vous aimez le foot(ball) ?
Mögen Sie Fußball?
Oui, bien sûr !
Ja, klar!
En fait, pas tellement ...
Eigentlich nicht sehr ...
Pour quelle équipe êtes-vous ?
Für welche Mannschaft sind Sie?
Mon équipe préférée c'est ...
Meine Lieblingsmannschaft ist ...

À l'aéroport, s'il vous plait.

Hören Sie den Dialog und setzen Sie die folgenden Ausdrücke ein. ▶ 58

il fait beau – il pleut – il fait soleil

- Vous êtes libre ?
- Oui, oui, bien sûr. Mais donnez-moi les valises ... Où est-ce que vous allez ?
- À l'aéroport, à Orly, s'il vous plait.
- Vous partez déjà ? Paris ne vous plait pas ?
- Si si, beaucoup ... Et puis, ______________, il fait chaud ... Je dois rentrer pour travailler.
- Ah oui, vous avez raison, ______________, mais la semaine prochaine, ______________ ! Vous partez au bon moment ... Mais d'où venez vous ?
- Je suis allemand.
- Ah, j'ai compris. D'accord, enfin au moins cette année, le Bayern de Munich est en forme, pas vrai ? Vous aimez le foot ? Pour quelle équipe vous êtes ?
- Mais, en fait ...
- Eh, moi, je suis un supporter du PSG, vous savez ... pour moi le Paris Saint-Germain, c'est tout ...

Worauf es ankommt

Mit dem Taxi
Wichtige Sätze sind: Vous êtes libre ? *(Sind Sie frei?)*, Excusez-moi, ça coute combien pour aller à ... ? *(Verzeihung, was kostet es zum/nach ...?)* Das gewünschte Fahrtziel gibt man am einfachsten nur in Verbindung mit s'il vous plait *(bitte)* an: 25, rue Bleue, s'il vous plait. *(Zur rue Bleue 25, bitte.)* oder À l'aéroport, s'il vous plait. *(Zum Flughafen, bitte.)*

Das Wetter
Il fait froid/chaud. *(Es ist kalt/heiß.)*, Le temps est beau/mauvais. oder Il fait beau/mauvais. *(Das Wetter/Es ist schön/schlecht.)*, C'est nuageux. *(Es ist bewölkt.)*, Il fait soleil. *(Es ist sonnig.)*, Il y a du vent. *(Es ist windig.)*, Il pleut. *(Es regnet.)*, Il neige. *(Es schneit.)*, Il y a du brouillard. *(Es ist neblig.)*

Ein bisschen Grammatik

Die Verhältniswörter à und en können „nach", „zu" und „in" heißen. Während à generell mit Städtenamen steht, z. B. à Paris *(in/nach Paris)*, verwendet man en mit Ländern bzw. Regionen: en France *(in/nach Frankreich)*, en Alsace *(im/ins Elsass)*.

Exercices

1 Verständnis und Aussprache

Alles verstanden? Dann sprechen Sie bitte einfach nach! ▶ 59

1. Vous êtes libre ? Je dois aller à la gare.
2. Oui, bien sûr, Madame.
3. Combien ça coute pour aller au port ?
4. Quel mauvais temps aujourd'hui !
5. Il pleut et il y a du vent.

2 Was passt zueinander?

Können Sie jedem Satz eine logische Antwort zuordnen? Dann spielen Sie die Minidialoge mit Ihrem Tischnachbarn durch.

1. Vous êtes libre ?	a. Pour l'Olympique de Marseille !
2. Où est-ce que vous allez ?	b. Oui, bien sûr.
3. Pour quelle équipe vous êtes ?	c. En fait, pas tellement !
4. Mais d'où venez-vous ?	d. Oui, malheureusement.
5. Ah, vous partez déjà ?	e. À la gare.
6. Vous aimez le foot ?	f. Je suis autrichienne.

malheureusement = leider

3 Hören und verstehen

Hören Sie sich den Dialog aufmerksam an, dann macht Ihnen das Ergänzen der Sätze bzw. das Beantworten der Fragen sicher keine Probleme. ▶ 60

1. Robert doit aller …	a. à l'aéroport
	b. au port
2. Il fait beau, n'est-ce pas ?	a. Oui, il fait beau.
	b. Non, il fait mauvais.
3. Le chauffeur de taxi est pour …	a. Paris Saint-Germain
	b. Auxerre
4. Pourquoi Robert doit rentrer ?	a. Pour travailler.
	b. Lyon ne lui plait pas.

4 Das liebe Wetter

Auch in Frankreich ist das Wetter ein beliebtes Gesprächsthema. Sagen Sie auf Französisch, dass …

1. es heute heiß ist
2. das Wetter schön ist und es sonnig ist
3. es kalt ist und es schneit
4. es bewölkt und windig ist
5. es nächste Woche regnet

5 Fußballfans vor!

Jeder Kursteilnehmer fragt seinen Tischnachbarn nach dessen Lieblingsteam.

- ■ Vous aimez le foot ?
- ● Oui. bien sûr ! / En fait, pas tellement …
- ■ Pour quelle équipe vous êtes ?
- ● Je suis supporter de/du … Et vous ?

le supporter = der Fan

L'essentiel d'un coup d'œil

Wichtiges! ▶ 61

peut-être
vielleicht

Attention !
Achtung! / Vorsicht!

Justement ...
Ausgerechnet ...

si
doch

Donnez-moi ...
Geben Sie mir ...

Vous avez raison !
Sie haben recht!

juste à temps
gerade rechtzeitig

D'accord !
Einverstanden!

Mit dem Fahrrad

Je voudrais louer un vélo.
Ich würde gerne ein Fahrrad mieten.

Pour combien de temps ?
Für wie lange?

Pour une heure/deux heures/une journée.
Für eine Stunde/zwei Stunden/einen Tag.

Il y a des pistes cyclables ?
Gibt es Radwege?

Vous avez un plan de la ville ?
Haben Sie einen Stadtplan?

Bus, U-Bahn, Straßenbahn

l'autobus/le bus	der Bus
le métro(politain)	die U-Bahn
le RER	die S-Bahn
le tram	die Straßenbahn
l'arrêt	die Haltestelle
la gare	der Bahnhof/die Station
Est-ce que je dois changer ?	Muss ich umsteigen?
Oui, vous devez descendre à ...	Ja, Sie müssen in ... aussteigen.
Dans quelle direction ?	In welche Richtung?

Fahrkarten

Où est-ce que je peux acheter ... ?	Wo kann ich ... kaufen?
un ticket normal/pour la journée	eine normale Fahrkarte/ein Tagesticket
Où se trouve le guichet ?	Wo ist der Fahrkartenschalter?

Taxi

le taxi	das Taxi
le chauffeur de taxi	der Taxifahrer
Pouvez-vous appeler un taxi ?	Können Sie ein Taxi rufen?
Je voudrais aller à ..., s'il vous plait.	Ich möchte bitte nach/zu ...
Pouvez-vous attendre ici ?	Können Sie hier warten?
Combien ça fait ?	Wie viel macht das?
Gardez la monnaie.	Stimmt so.

Small Talk

Quel froid/Quelle chaleur !	Wie kalt/heiß es ist!
Quel temps il fera demain ?	Wie wird das Wetter morgen?
Vous aimez le foot(ball) ?	Mögen Sie Fußball?
Oui, bien sûr !	Ja, natürlich!
En fait, pas tellement ...	Eigentlich nicht sehr ...
Pour quelle équipe êtes-vous ?	Für welche Mannschaft sind Sie?
Je suis supporter de ...	Ich bin ein Fan von ...

Reiseerfahrungen

Vous êtes déjà allé à/en ... ?	Waren Sie schon mal in ...?
Non, c'est la première fois.	Nein, es ist das erste Mal.
Oui, c'est la ... fois.	Ja, es ist das ... Mal.
deuxième/troisième/quatrième	zweite/dritte/vierte
Oui, il y a longtemps.	Ja, vor langer Zeit.

Was mir sonst noch wichtig ist

EN ROUTE EN FRANCE

Est-ce que vous le saviez ?

En France, le cyclisme est très populaire, et pas seulement en été, lorsque se déroule le *Tour de France*, sans doute la plus célèbre course cycliste au monde. De nombreuses villes sont maintenant équipées d'installations adaptées aux vélos et des vélos touristiques sont également disponibles dans les terminaux (par exemple, www.velib-metropole.fr à Paris ou www.velov.grandlyon.com à Lyon).

Voies vertes

Depuis plusieurs années, le gouvernement français encourage les déplacements respectueux de l'environnement. Dans cet esprit, on a transformé des voies de chemin de fer désaffectées en pistes cyclables et en sentiers de randonnée. Plus d'informations sont disponibles sur Internet à l'adresse www.voiesvertes.com et www.francevelotourisme.com.

Foot ou Rugby ?

Comme dans de nombreux pays, le *foot(ball)* est un sujet de conversation populaire en France. Cependant, ceux qui suivent la ligue française ne comprennent pas toujours les supporters, car les noms communs des équipes sont souvent différents des officiels. Ainsi, *Paris Saint-Germain* s'appelle généralement *PSG*, *l'Olympique de Marseille* est *l'OM*, *l'Olympique Lyon* est *l'OL* et le club de football *d'Auxerre* est *l'AJA* (Association de la jeunesse auxerroise). À noter, l'enthousiasme pour le football est le plus fort dans le nord et l'est du pays. Par contre, dans le Sud et l'Ouest, on s'intéresse au *rugby*. Dans ce sport d'équipe rude, originaire d'Angleterre, deux équipes de 15 joueurs tentent de faire passer le ballon ovale à l'adversaire et de marquer des points. Les véritables bastions du rugby sont les villes de *Biarritz*, *Clermont-Ferrand*, *Montpellier*, *Perpignan* et *Toulouse*.

CORSE – L'ILE SAUVAGE

À ne pas manquer ! – les curiosités

Jusqu'à aujourd'hui, la *Corse* a conservé sa propre culture. Ainsi, une partie de la population parle le corse comme langue maternelle et les traditions régionales sont maintenues avec fierté. Outre les stations balnéaires classiques, la falaise de *Bonifacio*, la vallée de *Prunelli* et les bois de châtaigniers de *Bastelica* valent la peine d'être vus et une excursion en montagne à travers le *Parc naturel régional de Corse* (à partir de *Corté*) et la vue panoramique sur l'ile du sommet du *Monte Renoso* sont d'autres attractions à ne pas manquer.

Bon appétit ! – Spécialités régionales

La Corse mérite également une visite à cause de sa gastronomie, car vous trouverez ici le fromage de chèvre appelé *brocciu* (qui n'est pas à base de lait mais à partir de lactosérum et qui est également utilisé dans de nombreuses pâtisseries), les célèbres viandes et saucisses fumées telles que *figarettu*, *lonzu* ou *prisuttu*, des créations à base de pâtes comme les *spaghetti à la boutargue*, *frascajoli* (pain à base de farine de châtaigne) ou des plats de viande copieux comme la *fricassée de lapereau aux citrons*. En plus des bons vins corses, vous devriez également gouter le *vinu chinatu* – une boisson contenant de la quinine, également connue sous le nom de *Cap Corse*. Et que recommandent les Corses comme digestif ? Bien sûr la liqueur à base d'agrumes, appelé *Cédratine*.

Les bons tuyaux

De *Bastia*, vous pourrez visiter le *Cap Corse*, long de 40 km, avec son littoral pittoresque. Mais le cœur de la Corse se trouve à l'intérieur du pays, par exemple sur les hauts plateaux du *Venachese*, où l'on peut encore voir des moutons et des chevriers ou dans les environs du village d'*Evisa*. Ceux qui aiment la vie urbaine devraient faire une promenade dans la vieille ville *d'Ajaccio* dans l'après-midi, puis regarder le coucher de soleil sur les *Iles Sanguinaires* depuis le port.

11

Einkaufen – Faire les courses

Bringen Sie Farbe in Ihr Französisch!

Schauen Sie sich das bunte Gemüse auf dem Foto an. Welche der folgenden Farben erkennen Sie darauf?

1. blanc	4. noir
2. jaune	5. vert
3. bleu	6. rouge

Was Sie in dieser Lektion lernen:
- wie man auf dem Markt Obst und Gemüse kauft.
- wie man Kleidung kauft, sich nach der Größe erkundigt und fragt, ob man etwas anprobieren kann.

Vin français

Frankreich ist mit ca. 50–60 Millionen Hektolitern pro Jahr der zweitgrößte Weinproduzent der Welt.
Weinfans zieht es am dritten Sonntag im November nach **Beaune** inmitten der **Côte-d'Or**, wo eine weltberühmte Versteigerung großer Weine veranstaltet wird.

Je voudrais un kilo de tomates.

Bringen Sie den Dialog in die richtige Reihenfolge und hören Sie ihn dann zur Kontrolle. ▶ 62

___ ● Alors un beau morceau de Comté ... Ça va comme ça ?
___ ● Voilà. Et avec ça ?
___ ■ C'est tout, merci. Ça fait combien ?
___ ● Quels poivrons voulez-vous ? Rouges ou jaunes ?
___ ■ Un peu plus ... oui, c'est bien comme ça.
_1_ ● Bonjour. À qui le tour ?
___ ■ Rouges. J'en prends cinq ... Vous avez aussi du fromage ?
___ ● Bien sûr. Qu'est-ce que vous voulez ?
___ ■ À moi. Je voudrais un kilo de tomates, s'il vous plait.
___ ■ Peut-être du Comté ...
___ ● Voilà. Et avec ça ?
___ ● Ça fait 15 euros.
___ ■ Des poivrons et une salade, s'il vous plait.

Worauf es ankommt

Mengenangaben
Die wichtigsten sind: un kilo de pommes de terre *(ein Kilo Kartoffeln)*, une livre de tomates *(ein Pfund Tomaten)*, un litre de lait *(ein Liter Milch)*, un demi-litre de vin *(ein halber Liter Wein)*, un morceau de fromage *(ein Stück Käse)*, un peu de Comté *(ein bisschen Comté)*.

Einkaufsvokabular
Der Verkäufer fragt gewöhnlich: Ça va comme ça ? *(Ist es/das recht so?)* oder Ça suffit ? *(Reicht das?)* Als Antwort passen: Ça suffit. *(Das reicht.)*, Un peu plus. *(Etwas mehr.)* oder Un peu moins. *(Etwas weniger.)* Weitere Wendungen: C'est trop cher. *(Das ist zu teuer.)*, Vous voulez autre chose ? *(Darf's sonst noch etwas sein?)*, C'est tout. *(Das ist alles.)*

Ein bisschen Grammatik

Das Wörtchen en *(davon)* wird in vielen Wendungen gebraucht:

Combien en voulez-vous ?	Wie viel möchten Sie davon?
J'en voudrais un kilo.	Ich möchte davon ein Kilo.
Nous en voulons cinq.	Wir möchten davon fünf.

Auf dem Markt
Je voudrais ...
Ich hätte gerne ...
des pommes
Äpfel
des pêches
Pfirsiche
du raisin
Trauben (meist in der Einzahl!)
des oranges
Orangen
un melon
eine Honigmelone
une pastèque
eine Wassermelone

Preisangaben
Combien coute le melon ?
Was kostet die Melone?
Combien coutent les pêches ?
Was kosten die Pfirsiche?
trois euros le kilo
drei Euro das Kilo

Weitere Mengenangaben
cent grammes de salami
hundert Gramm Salami
un morceau de gâteau
ein Stück Kuchen
un paquet de pâtes
ein Päckchen Nudeln
une boite de thon
eine Dose Thunfisch
une bouteille d'eau
eine Flasche Wasser
un pot de confiture
ein Glas Marmelade
un pot de yaourt
ein Becher Joghurt

Exercices

1 Verständnis und Aussprache

Sicher verstehen Sie diese Sätze, nicht wahr? Dann sprechen Sie sie bitte nach! ▶ 63

1. Je voudrais un kilo d'oranges, s'il vous plait.
2. Voilà Madame. Et avec ça ?
3. Des pêches et du fromage.
4. Bien sûr. Alors un beau morceau de Roquefort.
5. Et voilà les pêches. Ça suffit comme ça ?
6. Oui, ça suffit, merci.

2 Topf und Deckel

Hier passt nur eine Antwort zu einer Frage. Wissen Sie, welche?
Bitte zusammen mit Ihrem Tischnachbarn durchspielen.

1. À qui le tour ?
   a. Oui, exactement !
   b. À moi.
2. Ça suffit comme ça ?
   a. Oui, ça va comme ça.
   b. Rouge.
3. Ça fait combien ?
   a. C'est trop cher !
   b. Ça fait douze euros.

3 Kurz mal was einkaufen

Setzen Sie die Angaben 1–6 in den Beispielsatz ein und lesen Sie diese Sätze abwechselnd mit Ihrem Nachbarn vor. Achtung: de wird vor Selbstlauten zu d'.

Je voudrais **un kilo** de **pommes**.

1. un kilo – pommes de terre ____________________
2. 400 grammes – jambon ____________________
3. une livre – oranges ____________________
4. deux kilos – tomates ____________________
5. trois kilos – pommes ____________________
6. 200 grammes – fromage ____________________

4 Bitte zuordnen

Kombinieren Sie die Mengenangaben und die dazugehörigen Waren.
Nur eine Kombination macht jeweils Sinn.

1. cent grammes de	a. eau
2. un pot de	b. gâteau
3. un paquet de	c. thon
4. une boite de	d. Comté
5. une bouteille d'	e. confiture
6. un morceau de	f. pâtes

5 Einfach mal nachspielen

Spielen Sie den A-Dialog mit Ihrem Tischnachbarn nach und verwenden Sie die Ihnen bekannten Mengenangaben und Warennamen.

■ À qui le tour ?
● À moi. Je voudrais un kilo de ..., s'il vous plait.
■ Voilà. Et avec ça ?
● Vous avez aussi du/de la/des ... ?
■ Bien sûr ...

Kleidungsstücke
le pantalon
die Hose
les jeans
die Jeans
la veste
die Jacke/das Sakko
la chemise
das Hemd
le pull(over)
der Pullover
les chaussettes
die Socken
les chaussures
die Schuhe
l'écharpe
der Schal
les gants
die Handschuhe
le foulard
das Kopftuch
le T-shirt
das T-Shirt
la jupe
der Rock
la robe
das Kleid
la cravate
die Krawatte

Im Laden
Je peux vous aider ?
Kann ich Ihnen helfen?
Je jette juste un coup d'œil, merci.
Ich schaue nur, danke.
Où se trouvent les cabines (d'essayage) ?
Wo sind die Umkleidekabinen?
Comment ça me/vous va ?
Wie steht es mir/Ihnen?

Vous avez une taille plus grande ?

Hören Sie den Dialog. Was möchte die Kundin anprobieren? ▶ 64

- Bonjour, Madame, je peux vous aider ?
- Oui, je voudrais voir la veste de la vitrine.
- La verte avec des fleurs ?
- Oui, exact. Vous l'avez en 46 ?
- Bien sûr, un instant ... voilà, vous pouvez l'essayer dans la cabine là.

...

- Alors, comment elle vous va ?
- Hum, elle me semble un peu étroite ... Vous avez peut-être une taille plus grande ?
- Hélas non ! Mais à mon avis, cette veste est parfaite comme ça ... Elle vous va très bien.
- Vraiment ? Eh bien, alors je la prends. Et je voudrais aussi une paire de chaussures élégantes avec un talon.
- Quelle pointure vous faites ?
- Je fais du 37 ... Et puis, j'aimerais bien voir un sac, une ceinture, un ...

Worauf es ankommt

Haben Sie ...?
Man fragt: Avez-vous ... ? *(Haben Sie ...?)* oder, falls man bereits weiß, was man möchte: Je voudrais bien essayer ce/cette/ces ... *(Ich würde gerne diesen/diese/dieses ... anprobieren.)*, z. B. Quel beau pantalon, je peux l'essayer ? *(Was für eine schöne Hose, kann ich sie anprobieren?)*

Größe
Kleidung: Quelle taille vous faites ? Schuhe: Quelle pointure vous faites ? *(Welche Größe haben Sie?)*. Die Antwort lautet entsprechend: (Je fais) du 42. *(Ich habe 42.)* bzw. (Je fais) du 37. *(Ich habe 37)*. Passt etwas mal nicht so ganz, sagt man: C'est un peu étroit/large/long/court/grand/petit. *(Es ist etwas eng/weit/lang/kurz/groß/klein.)*

Ein bisschen Grammatik

Die hinweisenden Fürwörter lauten: ce (*dieser* männlich/Einzahl) und vor Vokalen cet *(dieser)*, cette (*diese* weiblich/Einzahl), ces (*diese* männlich + weiblich/Mehrzahl).

Exercices

1 Verständnis und Aussprache

Verstehen Sie diese Wörter und Sätze? Dann bitte einfach wieder nachsprechen! ▶ 65

1. Bonjour, je peux vous aider ?
2. Oui, je voudrais essayer cette veste.
3. Quelle taille vous faites ?
4. Du 48. Excusez-moi, où se trouve la cabine ?
5. À mon avis, c'est un peu étroit.

2 Bitte einsetzen

Muss hier jeweils ce, cet, cette oder ces eingesetzt werden?

1. Je voudrais voir ________________ pull.
2. Comment vous va ________________ imperméable ?
3. ________________ chaussures ne me plaisent pas.
4. Avez-vous ________________ chemise aussi en rouge ?
5. ________________ jeans sont trop étroits.

un imperméable = ein Regenmantel
trop = zu (sehr)

3 Hören und verstehen

Hören Sie sich den Dialog an und ergänzen Sie die Aussagen bzw. beantworten Sie die Fragen. ▶ 66

1. Julie voudrait voir ... a. une chemise b. une veste
2. De quelle couleur ? a. Verte. b. Jaune.
3. Quelle taille fait-elle ? a. Du 48. b. Du 46.
4. Mais c'est un peu ... a. étroit b. large

De quelle couleur ? = In welcher Farbe?

4 Welche Antwort passt?

Hier passt nur eine Antwort pro Frage. Wissen Sie, welche? Gut, dann spielen Sie das mit Ihrem Tischnachbarn durch.

1. Je peux l'essayer ? a. Excusez-moi, Madame. b. Bien sûr, Madame.
2. Où se trouve la cabine ? a. Là, au fond. b. C'est trop grand.
3. Je peux vous aider ? a. Oui, je voudrais voir ce pull. b. Je fais du 37.

5 Bitte improvisieren

Spielen Sie den B-Dialog mit Ihrem Tischnachbarn nach und improvisieren Sie mit den Ihnen bekannten Wörtern und Floskeln.

- ■ Bonjour, je peux vous aider ?
- ● Oui, je voudrais voir ...
- ■ Quelle taille vous faites ?
- ● Je fais du ...
- ■ Comment ça vous va ?
- ● Ça me semble un peu ...

L'essentiel d'un coup d'œil

Allgemeines ▶ 67

À qui le tour ?
Wer ist an der Reihe?

Et avec ça ?
hier: Darf's sonst noch etwas sein?

Un instant.
Einen Moment.

Ça me semble ...
Das scheint mir ...

À mon avis ...
Meiner Meinung nach ...

Vous pensez ?
Meinen Sie?

Qu'en pensez-vous ?
Was halten Sie davon?

Farben

rouge
rot

vert
grün

jaune
gelb

bleu
blau

bleu ciel
himmelblau

marron
braun

blanc
weiß

noir
schwarz

gris
grau

violet
lila

Auf dem Markt

Je voudrais ..., s'il vous plait.	Ich hätte gerne ..., bitte.
Combien coute le melon ?	Was kostet die Melone?
Combien coutent les pêches ?	Was kosten die Pfirsiche?
Trois euros le kilo.	Drei Euro das Kilo.
Ça va comme ça ?	Ist es/das recht so?
Ça suffit ?	Reicht das?
C'est trop cher.	Das ist zu teuer.
Vous voulez autre chose ?	Darf's sonst noch etwas sein?
C'est tout, merci.	Das ist alles, danke.

Im Laden

Je peux vous aider ?	Kann ich Ihnen helfen?
Je jette juste un coup d'œil.	Ich schaue nur.
Avez-vous ... ?	Haben Sie ...?
Je voudrais essayer ...	Ich würde gerne ... anprobieren.
Quelle taille faites-vous ?	Welche Größe haben Sie? *(Kleidung)*
Quelle pointure faites-vous ?	Welche Größe haben Sie? *(Schuhe)*
Je fais du 42.	Ich habe 42.
C'est un peu ...	Es ist etwas (zu) ...
étroit/large	eng/weit
long/court	lang/kurz
grand/petit	groß/klein
Où se trouvent les cabines (d'essayage) ?	Wo sind die Umkleidekabinen?
Comment ça me/vous va ?	Wie steht es mir/Ihnen?

In der Buchhandlung

Vous avez des livres en allemand ?	Haben Sie Bücher auf Deutsch?
Avez-vous des magazines ?	Haben Sie Zeitschriften?
Avez-vous des journaux ?	Haben Sie Zeitungen?
Je cherche ...	Ich suche ...
un livre de cuisine	ein Kochbuch
un roman policier	einen Krimi
un guide touristique	einen Reiseführer
une carte de randonnées	eine Wanderkarte
un livre sur ...	ein Buch über ...
C'est possible de commander un livre ?	Ist es möglich, ein Buch zu bestellen?

Was mir sonst noch wichtig ist

SHOPPING EN FRANCE

Mode française

Qui ne pense pas à la mode en parlant de la France ? Pas étonnant, car beaucoup des très grands couturiers de notre planète se trouvent ici. Cela a évidemment son prix, mais c'est moins cher en fin de chaque saison, grâce aux *soldes* proposées par les boutiques de luxe, ce qui adoucit l'expérience shopping.

Est-ce que vous le saviez ?

En France aussi, l'accent est mis de plus en plus sur une alimentation saine. La grande majorité des Français estiment que l'agriculture biologique doit être développée et que les aliments biologiques peuvent aussi couter plus chers. Il est particulièrement intéressant de noter que les Français sont très difficiles sur l'origine des produits et préfèrent acheter des produits locaux, c'est-à-dire ceux de leur propre région. Les épiceries fines et les supermarchés reconnaissent depuis longtemps cette tendance et proposent généralement, sous le terme générique de *produits locaux*, des vins, de la viande, du pain, des légumes, etc. Bien entendu, ces produits sont également parfaits en tant que petits souvenirs culinaires à remporter.

Magasins

la boulangerie/le boulanger	die Bäckerei/der Bäcker
la charcuterie/le charcutier	das Wurstgeschäft/der Wurstmetzger
la boucherie/le boucher	die Metzgerei/der Metzger
le magasin/le marchand de fruits et légumes	das Obst- und Gemüsegeschäft/der Obsthändler
l'épicerie/l'épicier	das Lebensmittelgeschäft/der Lebensmittelhändler
le débit/le marchand de tabac	das Tabakgeschäft/der Tabakhändler
le kiosque à journaux/le marchand de journaux	der Zeitungskiosk/der Zeitschriftenhändler
le supermarché	der Supermarkt

BOURGOGNE – HISTOIRE VÉCUE

À ne pas manquer ! – les curiosités

La *Bourgogne* est un centre culturel et artistique depuis le Moyen Âge avec l'impressionnante abbaye bénédictine de *Cluny* ou le monastère de *Cîteaux*. Visitez *Dijon*, la capitale de la région, où vous pouvez admirer des trésors architecturaux tels que le *Palais des Ducs de Bourgogne*, la cathédrale gothique *Notre-Dame* ou encore l'église *Saint-Michel* de l'époque de la Renaissance.

Bon appétit ! – Spécialités régionales

La Bourgogne peut sans aucun doute être qualifiée de terre de lait et de miel. D'abord et avant tout, la région est réputée pour son *Pinot Noir* et son *Chablis* blanc, ainsi que pour sa liqueur appelée *crème de Cassis*, qui se boit avec du vin blanc comme le *Kir* ou du champagne comme le *Kir royal*. Et quoi manger ? La cuisine bourguignonne est à la fois créative et innovante. Qu'en est-il des *escargots en coquille* ou des *rognons de veau au chablis* ? Mais le bœuf, en particulier la viande maigre de bœuf *Charolais*, occupe le haut de l'échelle de popularité. Vous pouvez le déguster par exemple dans le *bœuf bourguignon* ou tout simplement avec *steak-frites*, le plat national français qui va très bien d'ailleurs avec la *moutarde de Dijon*.

Les bons tuyaux

Non, la Bourgogne ne se limite pas à l'art, au festin et au vin. Des vacances actives sont également possibles ici comme par exemple lors d'une randonnée de *Paray-le-Monial* à *Cluny* ou sur la *Grande Randonnée (GR)* 13 à travers le paysage de basse montagne du *Morvan* de *Vézelay* vers *Autun*. Et ceux qui ont oublié leurs chaussures de randonnée peuvent explorer le *département d'Yonne* grâce à un chemin d'un cyclo-draisine, à partir de *Chigy*.

12

Gesundheitsprobleme – Problèmes de santé

Wo drückt's denn?

Sehen Sie sich die folgenden Wörter an und ordnen Sie sie ihren deutschen Entsprechungen zu.

1. la tête	a. der Arm
2. le pied	b. der Bauch
3. la jambe	c. das Bein
4. le bras	d. die Brust
5. la main	e. der Fuß
6. le ventre	f. die Hand
7. la poitrine	g. der Kopf
8. le dos	h. der Rücken

Was Sie in dieser Lektion lernen:
- wie man in einer Apotheke Medikamente kauft.
- wie man sagt, was einem passiert ist und wo es einem wehtut.
- wie man fragt, ob man versichert ist.

Médecine française
Alle Bürger sind in der staatlichen Krankenversicherung **(Sécurité sociale)** gesetzlich versichert. Sie trägt 70 % der Kosten für Arztbesuche und zwischen 15 % und 100 % für Medikamente.
Für eine komplette Kostenübernahme können sogenannte **mutuelles** (Zusatzversicherungen) abgeschlossen werden.

In der Apotheke

la pharmacie
die Apotheke

le/la pharmacien/ne
der/die Apotheker/in

Je voudrais ...
Ich hätte gerne ...

un somnifère
ein Schlafmittel

un antidouleur
ein Schmerzmittel

Vous avez une ordonnance ?
Haben Sie ein Rezept?

Où avez-vous mal ?
Wo tut es Ihnen weh?

J'ai ...
Ich habe ...

mal à la tête
Kopfschmerzen

mal au ventre
Bauchschmerzen

mal au dos
Rückenschmerzen

mal à la gorge
Halsschmerzen

un rhume
eine Erkältung

de la fièvre
Fieber

la diarrhée
Durchfall

la grippe
(die) Grippe

une allergie
eine Allergie

une indigestion
eine Magenverstimmung

une tension élevée/basse
hohen/niedrigen Blutdruck

J'ai des nausées.
Mir ist übel.

J'ai la tête qui tourne.
Mir dreht sich der Kopf.

Quels symptômes vous avez ?

Hören Sie den Dialog. Welche Diagnose stellt die Apothekerin? ▶ 68

- Bonjour, Monsieur, vous désirez ?
- Bonjour. Je voudrais de l'aspirine®, s'il vous plait ... Et quelque chose contre la nausée.
- Oui, bien sûr ... Mais quels symptômes vous avez exactement ?
- J'ai la tête qui tourne, j'ai des nausées. Et je pense que j'ai un peu de fièvre.
- Vous avez mangé quelque chose de spécial ?
- Non, non, seulement un steak frites et un verre de vin. Ensuite, je suis resté au soleil toute l'après-midi sur la plage ... Donc, rien de spécial.
- Ah, vous avez certainement attrapé un coup de soleil. Je vous donne ce médicament : vous le prenez trois fois par jour. Et surtout, vous devez boire beaucoup d'eau et vous reposer. Et je vous recommande de ne pas aller au soleil pendant quelques jours et pas d'alcool !

Worauf es ankommt

Welche Symptome?
Man sagt: J'ai mal ... *(Mir tut ... weh.)*, z. B. in Kombination mit dans la poitrine *(die Brust)*, au dos *(der Rücken)*, au bras *(der Arm)*, au genou *(das Knie)*, au pied *(der Fuß)*, à la cheville *(der Knöchel)*, aux dents *(die Zähne)*, aux yeux *(die Augen)* oder einfach ici *(hier)*.

Der Apotheker sagt
In den meisten Fällen hört man: Certainement ... *(Bestimmt/Sicher ...)* oder Il me semble que ... *(Mir scheint, dass ...)* vous avez ... *(Sie haben ...)*. Anleitungen zur Einnahme von Medikamenten: Prenez ... fois par jour ... *(Nehmen Sie ... Mal am Tag ...)* avant le repas *(vor dem Essen)* oder après le repas *(nach dem Essen)*.

Ein bisschen Grammatik

In Lektion 9 (Seite 74) haben Sie das Partizip der Vergangenheit kennengelernt. In Verbindung mit den Verben avoir *(haben)* und être *(sein)* bildet man die zusammengesetzte Vergangenheit:

manger *(essen)* → j'ai mangé *(ich habe gegessen)*
choisir *(wählen)* → vous avez choisi *(Sie haben gewählt)*

Vorsicht Ausnahme:
prendre *(nehmen)* → j'ai pris *(ich habe genommen)*

Exercices

1 Verständnis und Aussprache

Lesen und hören Sie die folgenden Sätze und sprechen Sie sie bitte nach! ▶ 69

coup de soleil = Sonnenbrand

1. Je voudrais un somnifère, s'il vous plait.
2. Et quelque chose contre le mal de tête.
3. Quels symptômes vous avez exactement ?
4. J'ai mal au ventre et j'ai la tête qui tourne.
5. Il me semble que vous avez attrapé un coup de soleil.

2 Bitte vervollständigen

Können Sie diesen Dialog mit den angegebenen Wörtern vervollständigen? Lesen Sie ihn dann zusammen mit Ihrem Nachbarn.

tête – médicament – fièvre – symptômes – fois – aspirine®

1. Bonjour, je voudrais de l' ____________________.
2. Voilà, mais quels ____________________ vous avez ?
3. J'ai mal à la ____________________.
4. Je pense que j'ai un peu de ____________________.
5. Alors, je vous donne ce ____________________.
6. Vous le prenez trois ____________________ par jour.

3 Bitte Wehwehchen aufzählen

Schreiben Sie auf, was Ihnen wehtut. Folgen Sie der Musterantwort und spielen Sie dann zu zweit die Dialoge durch.

Quels symptômes vous avez ? – J'ai mal **à la gorge**.

1. à la tête ____________________
2. au bras ____________________
3. au dos ____________________
4. au genou ____________________
5. au pied ____________________
6. à la cheville ____________________

4 Passende Formulierungen

Lesen Sie den Dialog noch einmal und finden Sie die passenden Formulierungen für die folgenden Situationen.

1. sagen, dass sich einem der Kopf dreht
2. fragen, welche Symptome jemand hat
3. sagen, dass man ausruhen soll
4. fragen, ob jemand etwas Spezielles gegessen hat
5. sagen, dass jemand einen Sonnenbrand hat

5 Das wird schon wieder!

Fragen Sie Ihre Kurskollegen nach deren (erfundenen) Beschwerden und empfehlen Sie auch gleich ein Medikament.

- ■ Quels symptômes vous avez exactement ?
- ● J'ai ... / J'ai mal ...
- ■ Alors, je vous donne ce médicament : vous le prenez ... fois par jour. Et surtout vous devez ...
- ● D'accord.

Beim Arzt
l'hôpital
das Krankenhaus
le docteur
der Arzt/die Ärztin
le/la dentiste
der Zahnarzt/die Zahnärztin
l'infirmier
der Krankenpfleger
l'infirmière
die Krankenschwester
l'assurance-maladie
die Krankenversicherung

Behandlung
Il faut ...
Es ist notwendig zu ... / Man muss ...
plâtrer
eingipsen
opérer
operieren
faire des examens
Untersuchungen machen
Nous allons faire une radio(graphie).
Wir werden röntgen.
La jambe est cassée.
Das Bein ist gebrochen.
La cheville est gonflée.
Der Knöchel ist geschwollen.
C'est une foulure.
Es ist eine Verstauchung.
Je vous fais une ordonnance.
Ich gebe Ihnen ein Rezept.
Je vous prescris ...
Ich verschreibe Ihnen ...
un calmant
ein Beruhigungsmittel
C'est grave. / Ce n'est pas grave.
Es ist schlimm. / Es ist nicht schlimm.

J'ai mal à la cheville.

Hören Sie den Dialog und setzen Sie die folgenden Ausdrücke ein. ▶ 70

cassé – docteur – grave – prescris – j'ai mal

▲ Bonjour, Madame, le docteur va vous recevoir tout de suite.
■ Merci. Seulement une question : est-ce que mon assurance-maladie allemande est aussi valable en France ?
▲ Bien sûr ! Ah, voilà, le ______________ est libre. Je vous en prie ...
...
■ Bonjour, docteur.
● Bonjour, asseyez-vous, s'il vous plait. Je vous écoute.
■ Voilà, hier je suis allée faire une randonnée en montagne ... Mais je ne sais pas, aujourd'hui, ______________ à la cheville, elle est toute gonflée et je ne peux plus marcher.
● Regardons. Allongez-vous. Où avez-vous mal ? Ici ?
■ Aïe, aïe ! Oui, exactement là. C'est ______________ ?
● Non, non, je ne pense pas. Nous allons faire une radiographie pour contrôler, mais c'est sûr, ce n'est pas ______________.
■ Espérons ! Vous savez, je suis venue exprès en France pour faire une randonnée en Ardèche.
● C'est probablement une foulure. Je vous ______________ une pommade et un antidouleur ...

Worauf es ankommt

Der Arzt sagt/fragt
Je vous écoute. (wörtlich : *Ich höre Ihnen zu.*), Comment vous sentez-vous ? *(Wie fühlen Sie sich?)*, Qu'est-ce que vous avez mangé ? *(Was haben Sie gegessen?)* oder Comment ça s'est passé ? *(Wie ist das passiert?)*

Der Arzt rät
Vous devez ... *(Sie müssen ...)* manger légèrement *(leicht essen)*, vous reposer *(sich ausruhen)*, dormir beaucoup *(viel schlafen)*.

Ein bisschen Grammatik

Die zusammengesetzte Vergangenheit von Verben der Bewegung wird meist mit être *(sein)* gebildet.

aller *(gehen)* → Mann: je suis allé
Frau: je suis allée *(ich bin gegangen)*

venir *(kommen)* → Mann: je suis venu
Frau: je suis venue *(ich bin gekommen)*

Exercices

1 Verständnis und Aussprache

Haben Sie den Dialog verstanden? Dann macht es sicher keine Probleme, diese Sätze nachzusprechen, n'est-ce pas? ▶ 71

1. Le dentiste va vous recevoir tout de suite.
2. Votre assurance-maladie est valable ici.
3. Ma jambe est peut-être cassée.
4. Nous allons faire une radio pour contrôler.
5. Je vous prescris seulement un antidouleur.

2 Hören und verstehen

Bitte achten Sie in diesem Dialog wieder genau auf alle Informationen und ergänzen Sie die Aussagen bzw. beantworten Sie die Frage. ▶ 72

1. Jean a mal …
   a. à la tête
   b. à la jambe
2. Qu'est-ce qu'il a mangé ?
   a. Des moules-frites.
   b. Un steak frites.
3. Jean doit …
   a. dormir beaucoup
   b. manger légèrement

3 Aus Gegenwart mach Vergangenheit

Setzen Sie jeweils zu zweit die in Klammern angegebenen Verben in die zusammengesetzte Vergangenheit, z. B. il (venir) → il est venu.

1. Je ______________________ (venir) pour randonner en Ardèche.
2. Tu ______________________ (installer) Skype™ ?
3. Il ______________________ (appeler) ce numéro, mais ça ne marche pas.
4. Vous ______________________ (aller) à Paris pour combien de jours ?
5. Nous ______________________ (introduire) la carte VISA.
6. Ils ______________________ (bloquer) votre carte de crédit.

4 Bitte zuordnen

Ordnen Sie jeder Frage eine logische Antwort zu. Spielen Sie dann den Dialog mit Ihrem Nachbarn durch.

1. Comment vous sentez-vous ?
2. Où avez-vous mal ?
3. Qu'est-ce qu'elle a mangé ?
4. La jambe est cassée ?
5. Vous avez une ordonnance ?

a. Oui, la voilà.
b. Je me sens très mal.
c. Non, je ne pense pas.
d. Ici, docteur.
e. Du poulet.

5 Gespräche erarbeiten

Bilden Sie mit Ihrem Tischnachbarn Dialoge zu den folgenden Themen:

1. Rückenschmerzen
2. Halsschmerzen
3. Kopfschmerzen
4. gebrochenes Bein

- ■ J'ai mal …
- ● Voyons, c'est certainement … Nous allons faire … Il faut …
- ■ C'est grave ?
- ● Non, ce n'est pas grave. / Oui, c'est grave. Je vous prescris …
- ■ Merci, docteur !

L'essentiel d'un coup d'œil

Allgemeines ▶ 73

exactement
genau

Je pense que ...
Ich denke, dass ...

rien de spécial
nichts Besonderes

certainement
bestimmt/sicher

probablement
wahrscheinlich/wohl

Je vous recommande ...
Ich empfehle Ihnen ...

surtout
vor allem

Asseyez-vous !
Setzen Sie sich! / Nehmen Sie Platz!

Seulement une question.
Nur eine Frage.

Espérons !
Hoffen wir es!

exprès
absichtlich

entre-temps
inzwischen/unterdessen

In der Apotheke

la pharmacie	die Apotheke
le/la pharmacien/ne	der/die Apotheker/in
Je voudrais ...	Ich hätte gerne ...
de l'aspirine®	Aspirin®
un somnifère	ein Schlafmittel
un calmant	ein Beruhigungsmittel
un antidouleur	ein Schmerzmittel
Vous avez une ordonnance ?	Haben Sie ein Rezept?
J'ai ...	Ich habe ...
mal aux dents	Zahnschmerzen
mal à la tête	Kopfschmerzen
mal au dos	Rückenschmerzen
mal à la gorge	Halsschmerzen
un rhume	eine Erkältung
de la fièvre	Fieber
la diarrhée	Durchfall
la grippe	(die) Grippe
une allergie	eine Allergie
une tension élevée/basse	hohen/niedrigen Blutdruck
J'ai des nausées.	Mir ist übel.
J'ai la tête qui tourne.	Mir dreht sich der Kopf.

Beim Arzt

La jambe est cassée.	Das Bein ist gebrochen.
C'est une foulure/élongation.	Es ist eine Verstauchung/Zerrung.
Je vous fais une ordonnance.	Ich gebe Ihnen ein Rezept.
Je vous prescris ...	Ich verschreibe Ihnen ...
C'est grave. / Ce n'est pas grave.	Es ist schlimm. / Es ist nicht schlimm.

Weitere Probleme

J'ai pris trop de soleil.	Ich habe viel Sonne abbekommen.
J'ai été piqué/e par ...	Mich hat ... gestochen.
un moustique	eine Stechmücke
une guêpe	eine Wespe
J'ai été mordu/e par ...	Mich hat ... gebissen.
un chien	ein Hund
un serpent	eine Schlange
Je suis tombé/e.	Ich bin gefallen.
Je me suis brulé/e.	Ich habe mich verbrannt.

Was mir sonst noch wichtig ist

SANTÉ

Est-ce que vous le saviez ?

Tombé malade en vacances ? Mieux vaut ne pas le faire, mais au cas où il est important de savoir : la carte européenne d'assurance maladie (CEAM) permet d'avoir accès directement aux soins médicaux standards pratiqués dans tous les pays de l'UE. Éventuellement, c'est peut-être mieux de prendre une assurance voyage, en particulier en ce qui concerne le transport de retour en cas de maladie.

Où aller en cas d'urgence ?

Les pharmacies sont généralement nombreuses et faciles à trouver en France. En dehors des heures d'ouverture normales (généralement du lundi au samedi, entre 9 h et 19 h, certaines ferment autour de midi), les *pharmacies de garde* sont signalées dans les pharmacies. En cas d'urgence, il est préférable d'aller aux *urgences* d'un *hôpital*. Le numéro de l'ambulance *SAMU* est 15.

C'est quoi votre problème ?

Ne soyez pas surpris si vous êtes assis dans la salle d'attente d'un médecin en France et que les autres patients vous interrogent sur votre état de santé. Les Français n'aiment pas trop rester assis en silence pendant longtemps. Donc, que ce soit chez le médecin, dans un compartiment de train ou à l'arrêt de bus, les gens se parlent. Une excellente occasion de continuer à apprendre, n'est-ce pas ?

GENÈVE & LA SUISSE ROMANDE – EN ROUTE POUR LA MONTAGNE !

À ne pas manquer ! – les curiosités

Genève est souvent appelée de « plus petite métropole du monde » et, en fait, dans cette ville au bord du *lac Léman* l'atmosphère provinciale et le flair cosmopolite se mêlent de manière impressionnante. Ne manquez pas la vieille ville qui domine la rive gauche du lac et qui est dominée par la majestueuse cathédrale *Saint-Pierre*. C'est un plaisir de flâner sur la grande *place du Bourg-de-Four* ou le long de la promenade du lac, d'où l'on peut toujours voir le *Jet d'eau*, une fontaine d'eau de 140 mètres de hauteur.

Bon appétit ! – Spécialités régionales

Dans toute la Suisse romande, de nombreuses traditions culinaires ont été conservées. Depuis toujours on y crée des produits fumés sous forme de saucisses (notamment la *longeole* au fenouil), du bacon et du jambon, ainsi que des fromages de montagne de renommée mondiale – tels que la *tête-de-moine* ou le *vacherin mont-d'Or*. Les spécialités régionales comprennent diverses créations au chocolat telles que les *poubelles genevoises*, les *pavés* ou les *marmites* – qui sont des jarres de chocolat remplies de légumes à la pâte d'amande et dégustées lors du festival de la ville appelé *L'Escalade*. Et qu'est-ce qu'il y a à boire ? Eh bien, la boisson régionale la plus célèbre est *l'absinthe* fabriquée entre outre à partir d'anis et de fenouil ainsi que l'eau de vie de prune appelée *Damassine*.

Les bons tuyaux

Pour une vue splendide sur *Genève* et le *lac Léman*, prenez le téléphérique jusqu'au *Mont Salève*, situé en France à la frontière suisse, d'ici vous aurez un panorama spectaculaire sur les Alpes. Vous pouvez également faire une mini-croisière sur le lac, car toute la région offre un paysage magnifique composé de bâtiments historiques magnifiques, sur fond de montagnes grandioses.

TEST 2

1 Welche Antwort stimmt?

Können Sie sich noch an alle Informationen zur Landeskunde erinnern? Dann kreuzen Sie bestimmt die richtigen Aussagen an.

1. Wenn man typisch französisch zu erschwinglichen Preisen essen möchte, geht man in ...
   a. einen *salon de thé*
   b. eine *brasserie*
   c. eine *bar*
2. Frankreich ist weltweit der zweitgrößte Produzent von ...
   a. Wein
   b. Schnaps
   c. Bier
3. Franzosen melden sich am Telefon mit ...
   a. Bonjour !
   b. Salut !
   c. Allo !
4. Zur bar-tabac geht man u. a., um ... zu kaufen.
   a. Rauchwaren, Presse und Briefmarken
   b. Fisch, Fleisch, Obst und Gemüse
   c. nicht-verschreibungspflichtige Medikamente
5. Im Krankheitsfall braucht man in Frankreich zur Behandlung nur ...
   a. eine zusätzliche private Auslandsversicherung
   b. einen Arzt, der in Deutschland studiert hat
   c. die Europäische Krankenversicherungskarte (EHIC)
6. Der Nationalsport in Frankreich ist neben Fußball ...
   a. Tennis
   b. Rugby
   c. Handball

2 Fragen und Antworten

Sicher haben Sie auch den zweiten Teil unseres Sprachkurses aufmerksam bearbeitet, sodass diese Übung für Sie ein Kinderspiel ist.

1. Où est-ce que je dois changer ?
2. Qu'est-ce qu'il y a comme dessert ?
3. Quelle taille faites-vous ?
4. Où est-ce que vous allez ?
5. Quel vin nous conseillez-vous ?
6. Il faut opérer ?
7. Vous aimez le foot ?
8. Quel est l'indicatif de la France ?

a. Au port, s'il vous plait.
b. Nous avons une mousse au chocolat.
c. C'est le zéro zéro trente-trois.
d. Je vous conseille le Beaujolais.
e. À Châtelet.
f. En fait, pas vraiment.
g. Non, ce n'est pas grave.
h. Je fais du 46.

3 Fit für den „Ernstfall"?

Wiederholen Sie die Gesprächssituationen aus den vergangenen Lektionen, indem Sie mit Ihrem Tischnachbarn eine Unterhaltung zu den folgenden Themen führen. Die angegebenen Satzfragmente und Floskeln sollten nur als Richtlinie dienen. Improvisieren ist angesagt!

1. Sie sind in einem Restaurant und haben Hunger.
   - ■ Voilà le menu. Qu'est-ce que vous prenez ?
   - ● Je voudrais ... Est-ce qu'il y a de la viande dans ...
   - ■ ... Vous prenez aussi un dessert ? Nous avons ...
   - ● ... Quel vin me conseillez-vous ? Je préfère du vin ...
2. Sie möchten nach dem WLAN fragen.
   - ■ Bonjour, il y a ... ?
   - ● Bien sûr, et il est ...
   - ■ Et vous pouvez me donner ... ?
   - ● Voilà. Vous avez un accès ...
3. Sie sind auf der Bank wegen eines Problems mit Ihrer Kreditkarte.
   - ■ Bonjour, dites-moi ...
   - ● J'ai un problème avec ... Le distributeur s'est bloqué !
   - ■ Bon, alors votre banque doit ...
   - ● ... Quelle est votre ... ?
4. Sie erkundigen sich nach der besten Verbindung z. B. zum Flughafen.
   - ■ ..., comment je fais pour aller à ... d'ici ?
   - ● D'ici, vous prenez ... Vous descendez ... puis vous prenez ...
   - ■ Et je descends où ?
   - ● Vous descendez au ...
5. Sie kaufen Obst und Gemüse auf einem Markt ein.
   - ■ Bonjour, à qui le tour ?
   - ● Bonjour, à moi. Je voudrais un kilo de ... et aussi ..., s'il vous plait.
   - ■ Ça va comme ça ? Voilà. Et avec ça ?
   - ● ... Ça fait combien ?
6. Sie haben Beschwerden und suchen eine Apotheke auf.
   - ■ Quels symptômes vous avez ?
   - ● J'ai ... et j'ai mal ...
   - ■ Ah, vous avez certainement ... Vous avez ... aujourd'hui ?
   - ● Non, mais ...

4 Und jetzt noch schnell auf Französisch!

Gratulation: Sie haben es geschafft und verfügen nun über das nötige „Handwerkszeug", damit Ihr nächster Frankreichaufenthalt ein voller Erfolg wird. Bonne chance en France ! (Viel Glück in Frankreich!)

1. Können Sie mir helfen? ______________________
2. Guten Appetit! ______________________
3. Wollen Sie noch etwas? ______________________
4. Das ist einfach! ______________________
5. Die Rechnung, bitte. ______________________
6. Wie ist das passiert? ______________________
7. Sie haben recht. ______________________
8. Ist es scharf? ______________________

Grammatik im Überblick

Verwendete Abkürzungen:
m = männlich, w = weiblich,
Ez = Einzahl, Mz = Mehrzahl

Die wichtigsten Ausspracheregeln des Französischen

Mitlaute

C

- **C** vor **a**, **o** und **u** sowie vor **Mitlauten** wird wie **k** in „**K**affee" gesprochen: **ca**fé, **cou**leur, **cu**lture, **cl**é, **cr**ème.
- **C** vor **e** und **i** wird wie **ss** in „da**ss**" gesprochen: **ce**ntre, **ci**el.
- **Ch** wird wie **sch** in „**Sch**iff" gesprochen: **ch**ambre.
- **Ç** wird wie **ss** in „da**ss**" gesprochen: **ç**a, ni**ç**ois.

F, PH

- **F** und **ph** werden jeweils wie **f** in „**f**alsch" gesprochen: **f**aire, **ph**armacie.

G

- **G** vor **a**, **o** und **u** sowie vor **Mitlauten** – außer **n** – wird wie **g** in „**G**arten" gesprochen: **ga**re, **go**rge, dé**gu**ster, **gr**and, rè**gl**e.
- **G** vor **e** und **i** wird wie das stimmhafte **g** in „Gara**g**e" gesprochen: **ge**nou, **gi**te.
- **Gu** vor **e** und **i** wird wie **g** in „**G**arten" gesprochen: ba**gue**tte, **gui**de.
- **G** vor **n** wird wie **nj** (z. B. wie **gn** in „Champa**gn**er") gesprochen: champi**gn**on.

H

- **H** ist immer stumm: **h**ôtel, **h**uit.

J

- **J** wird wie das stimmhafte **g** in „Gara**g**e" gesprochen: **j**ournal.

L

- Die Buchstabenkombination **ill** wird meist wie **j** oder **ij** gesprochen: Marse**ill**e, f**ill**e.

Qu

- **Qu** wird wie **k** in „**K**affee" gesprochen: **qu**atre, **qu**i.

S

- **S** ist am Wortbeginn, vor stimmlosen Mitlauten und als Doppelmitlaut **ss** stimmlos wie **ss** in „da**ss**": **s**oir, po**s**te, me**ss**age.
- **S** ist zwischen Selbstlauten und vor stimmhaften Mitlauten stimmhaft wie **s** in „**S**ommer": mai**s**on, ro**s**é, **S**tra**s**bourg.
- **S** wird am Wortende meist nicht gesprochen: le**s** vin**s**, tu parle**s**.
- **Sc** vor **e** und **i** wird wie **ss** in „da**ss**" gesprochen: a**sce**nseur, **sci**ence (Wissenschaft).

V

- **V** wird wie **w** in „**W**asser" gesprochen: **v**iande, **v**in.

Z

- **Z** wird wie das stimmhafte **s** in „**S**ommer" gesprochen: **z**éro, **z**oo

Selbstlaute

- Unbetonte Selbstlaute (**a**, **e**, **i**, **o** und **u**) werden meist kurz gesprochen: Paris, poli; betonte entsprechend meist lang, besonders vor stimmhaften Mitlauten: aéroport, garage.
- **Au** und **eau** werden wie **o** in „Büro" gesprochen: faux, bureau.
- **E** entspricht oft dem deutschen kurzen **ä** in „Äste": est, essayer, excuser, wird aber v. a. am Wortende und zwischen Mitlauten wie das kurze **e** in „Junge" gesprochen oder ist stumm: prendre, jolie, appartement.
- **É** wird wie **ee** in „See" gesprochen: thé, liberté.
- **Ê** und **è** werden wie **ä** in „Ähre" gesprochen: fête, mère.
- **Eu** und **œu** werden wie **ö** in „schön" bzw. „öffnen" gesprochen: peu, bœuf.
- Die Endungen **-er** und **-ez** werden wie **ee** in „See" gesprochen: aimer, aimez.
- **Oi** wird wie **oa** in „Oase" gesprochen: Loire, moi.
- **Ou**, **oû** und **où** werden wie **u** in „Uhr" gesprochen: ouvert, couter, où.
- **U** und **û** werden wie **ü** in „süß" gesprochen: plus, sûr.

Nasale

- **Am**, **an**, **em**, **en** werden wie **ant** in „Croissant" gesprochen: France, Camembert, probablement.
- **Aim**, **ain**, **eim**, **ein**, **im**, **in** werden wie **in** in „Mannequin" gesprochen: Saint-Germain, hein.
- **On**, **om** werden wie **on** in „Bonbon" gesprochen: Avignon, mon.

Die *élision* (Auslassung) und die *liaison* (Bindung)

Zwei typisch französische Phänomene sind die élision und die liaison: Unter élision versteht man die Auslassung eines Selbstlauts, wenn das nachfolgende Wort auch mit einem Selbstlaut oder „stummem h" beginnt, z. B. l'ami, j'arrive, j'habite. Unter liaison versteht man die Tatsache, dass ein an sich stummer Mitlaut am Wortende gesprochen wird, wenn das nachfolgende Wort mit einem Selbstlaut oder „stummem h" beginnt. Die beiden Wörter werden also zu einem Wort „verbunden". Keine liaison: les bureaux [le büro], aber liaison: les‿amis [le**s**ami], mon‿ami(e) [mo**n**ami].

Hauptwörter (Substantive)

Geschlecht (Genus)

Hauptwörter sind im Französischen nur männlich oder weiblich, d. h. ein sächliches Geschlecht gibt es nicht. Für Gegenstände und Begriffe ist das Geschlecht meist willkürlich.
Weibliche Hauptwörter enden in der Regel auf -e, -é, -tion:

vie	Leben
chambre	Zimmer
amitié	Freundschaft
addition	Rechnung

Männliche Hauptwörter dagegen enden meist auf einen Mitlaut wie l, n, r, t, aber auch häufig auf einen Selbstlaut wie a, i, o, u etc.:

journal	Zeitung
vin	Wein
étranger	Ausländer
billet	Fahrkarte
bureau	Büro, Schreibtisch
mari	Ehemann

Doch selbst einige Wörter, die auf -e enden, sowie alle auf -age sind männlich:

livre	Buch
oncle	Onkel
fromage	Käse

Und auch in die andere Richtung gibt es einige Ausnahmen, so sind z. B. folgende Hauptwörter weiblich:

main	Hand
maison	Haus
moto	Motorrad

Im Französischen kann man aus vielen männlichen Hauptwörtern weibliche machen, indem man die Endung -e hinzufügt:

ami → amie	Freund → Freundin
cousin → cousine	Cousin → Cousine

Mehrzahl (Plural)
Die Mehrzahlbildung ist nicht sonderlich kompliziert. Die Grundregel lautet: Die männlichen und weiblichen Hauptwörter hängen ein -s am Ende an:

lit → lit**s**	Bett → Betten
sœur → sœur**s**	Schwester → Schwestern
client → client**s**	Kunde → Kunden
nuit → nuit**s**	Nacht → Nächte

Einige männliche Hauptwörter enden auf -x:

bateau → bateau**x**	Schiff → Schiffe
château → château**x**	Schloss → Schlösser

Hauptwörter, die auf -al enden, ersetzen diese Endung in der Mehrzahl in der Regel durch -aux:

journal → journ**aux**	Zeitung → Zeitungen

Bitte merken Sie sich die folgenden Ausnahmen:

monsieur → messieurs	(mein) Herr → (meine) Herren
madame → mesdames	(meine) Dame → (meine) Damen
mademoiselle → mesdemoiselles	(mein) Fräulein → (meine) Fräuleins

Geschlechtswörter (Artikel)

Wie das Deutsche kennt auch das Französische bestimmte (der, die) und unbestimmte (ein, eine) Artikel. Man unterscheidet männliche und weibliche Artikel (einen sächlichen Artikel gibt es nicht), Einzahl- und Mehrzahlformen.

Der bestimmte Artikel in der Einzahl

le vor männlichen Hauptwörtern, die mit einem Mitlaut beginnen:
le bar, **le** vin

l' vor männlichen und weiblichen Hauptwörtern, die mit einem Selbstlaut oder einem „stummen h" beginnen:
l'ami, **l'**amie, **l'**hôtel

la vor weiblichen Hauptwörtern, die mit einem Mitlaut beginnen:
la femme, **la** fille

Im Französischen unterscheidet man zwischen einem „stummen h" (h muet) und einem „aspirierten h" (h aspiré). Zwar werden beide nicht gesprochen, doch das h aspiré wird wie ein Mitlaut behandelt, d. h. es findet keine Apostrophierung des Artikels statt: le Hongrois *(der Ungar)* und la Hongroise *(die Ungarin)*.

Der bestimmte Artikel in der Mehrzahl

les vor männlichen und weiblichen Hauptwörtern:
les bars, **les** vins, **les** ami(e)s, **les** hôtels, **les** femmes, **les** filles

Der unbestimmte Artikel in der Einzahl

un vor männlichen Hauptwörtern:
un bar, **un** vin, **un** ami, **un** hôtel

une vor weiblichen Hauptwörtern:
une amie, **une** femme, **une** fille

Der unbestimmte Artikel in der Mehrzahl

des vor männlichen und weiblichen Hauptwörtern:
des hommes, **des** enfants, **des** femmes, **des** amies

Unbestimmte Mengenangaben

Anders als im Deutschen steht im Französischen bei einer unbestimmten Mengenangabe das Verhältniswort de, das mit den bestimmten Artikeln le und les verschmilzt, also zu du bzw. des wird:

Je voudrais du vin.	Ich hätte gerne (etwas) Wein.
Vous avez des gâteaux ?	Haben Sie Kuchen?
Veux-tu du sucre dans ton express ?	Möchtest du Zucker in deinen Espresso?
Je préfère manger des tomates.	Ich esse lieber Tomaten.
Je bois de l'eau.	Ich trinke Wasser.

Nach Hauptwörtern oder Ausdrücken, die eine bestimmte Menge oder Anzahl bezeichnen, steht das Verhältniswort de ohne Artikel:

une bouteille de vin	eine Flasche Wein
un verre de jus d'oranges	ein Glas Orangensaft
un peu de pain	etwas Brot
un kilo de tomates	ein Kilo Tomaten

Eigenschaftswörter (Adjektive)

Eigenschaftswörter stehen meistens nach, aber in einigen Fällen auch vor dem Hauptwort, auf das sie sich beziehen, und richten sich in Geschlecht und Zahl nach diesem. Die weibliche Form wird in der Regel durch Anhängen von -e an die männliche gebildet. In der Mehrzahl wird jeweils ein -s an die Einzahlform angehängt:

un étudiant **allemand**	ein deutscher Student
une étudiante **allemande**	eine deutsche Studentin
des étudiants **allemands**	deutsche Studenten
des étudiantes **allemandes**	deutsche Studentinnen

Endet die männliche Form auf -e, gibt es nur eine Form für beide Geschlechter:

un homme rich**e**	ein reicher Mann
une femme rich**e**	eine reiche Frau

Einige Eigenschaftswörter verdoppeln in der weiblichen Form den letzten Mitlaut:

autrichien → autrichien**ne**	österreichisch
bon → bon**ne**	gut
gros → gros**se**	dick

Eigenschaftswörter auf die Endungen -eux, -teur, -f u. a. verändern diese in der weiblichen Form:

délicieux → délici**euse**	köstlich
conservateur → conserva**trice**	konservativ
actif → acti**ve**	aktiv

Einige Eigenschaftswörter haben eine unregelmäßige weibliche Form, z. B.:

beau → une **belle** femme	eine schöne Frau
blanc → une blouse **blanche**	eine weiße Bluse
frais → une boisson **fraiche**	ein kühles Getränk
nouveau → une **nouvelle** copine	eine neue Freundin
vieux → une **vieille** voiture	ein altes Auto

Folgende kurze Eigenschaftswörter stehen normalerweise vor dem Hauptwort: beau *(schön)*, bon *(gut)*, grand *(groß)*, gros *(dick)*, haut *(hoch)*, jeune *(jung)*, joli *(hübsch)*, long *(lang)*, mauvais *(schlecht)*, petit *(klein)*, vieux *(alt)*.

un **petit** hôtel	ein kleines Hotel
un **grand** cinéma	ein großes Kino
Quel **mauvais** temps !	Was für ein schlechtes Wetter!

Einige männliche Eigenschaftswörter, die vor Hauptwörtern stehen, die mit einem Selbstlaut oder h muet beginnen, ändern ihre Form, z. B.:

beau → un **bel** homme	ein schöner Mann
vieux → un **vieil** instrument	ein altes Instrument

Eigenschaftswörter auf -s und -x sind in der Mehrzahl unveränderlich, die auf -eau hängen ein -x an und die meisten auf -al werden zu -aux:

des vins françai**s**	französische Weine
des vieu**x** livres	alte Bücher
des beau**x** bateaux	schöne Schiffe
des journaux internation**aux**	internationale Zeitungen

Umstandswörter (Adverbien)

Mit Umstandswörtern kann man ganze Sätze, Verben, Eigenschaftswörter sowie weitere Umstandswörter näher bestimmen. Man unterscheidet selbstständige Umstandswörter (wie „heute", „immer", „jetzt" usw.), Umstandswörter des Grades (wie „sehr", „mehr", „viel" usw.) und von Eigenschaftswörtern abgeleitete Umstandswörter der Art und Weise (wie „schnell", „einfach" usw.). Um diese zu bilden, hängt man an die weibliche Form des Eigenschaftswortes die Endung -ment an:

clair → claire**ment**	deutlich, klar
facile → facile**ment**	einfach
Je te le dis claire**ment**.	Ich sage es dir (ganz) deutlich.

Wichtige Ausnahmen sind:

bon → bien	gut
mauvais → mal	schlecht
rapide → vite	schnell

Als Grundregel gilt: Das Eigenschaftswort begleitet das Hauptwort und das Umstandswort begleitet das Verb:

C'est un **bon** chanteur.	Il chante **bien**.
Das ist ein guter Sänger.	Er singt gut.
C'est une **mauvaise** chanteuse.	Elle chante **mal**.
Das ist eine schlechte Sängerin.	Sie singt schlecht.
L'autobus est **rapide**.	Il va **vite**.
Der Bus ist schnell.	Er fährt/geht schnell.
Jeanne est **lente**.	Elle travaille **lentement**.
Jeanne ist langsam.	Sie arbeitet langsam.

Es gibt einige Ausnahmen, wie z. B. mit dem Verb sentir *(riechen)*:

Ça sent bon.	Das riecht gut.

Steigern & vergleichen

Bei der Steigerung wird das Eigenschaftswort nicht gebeugt, sondern man verwendet die Wörter plus *(mehr)* bzw. moins *(weniger)*, die beim Komparativ (1. Steigerungsstufe) vor das Eigenschaftswort gestellt werden. Der Superlativ (2. Steigerungsstufe) wird gebildet, indem zusätzlich der bestimmte Artikel vorangestellt wird. Dabei richten sich das Eigenschaftswort und der Artikel in Geschlecht und Zahl nach dem dazugehörigen Hauptwort:

beau → plus beau → le plus beau	schön → schöner → der schönste
beau → moins beau → le moins beau	schön → weniger schön → der am wenigsten schöne
belle → plus belle → la plus belle	schön → schöner → die schönste
belle → moins belle → la moins belle	schön → weniger schön → die am wenigsten schöne

Wichtige unregelmäßige Steigerungsformen sind:

bon → meilleur → le meilleur	gut → besser → der beste
mauvais → pire → le pire	schlecht → schlechter → der schlechteste

Und bei den Umstandswörtern:

bien → mieux → le mieux	gut → besser → am besten
mal → plus mal → le pire	schlecht → schlechter → am schlechtesten

Persönliche Fürwörter (Personalpronomen)

Einzahl		Mehrzahl	
je/j'	ich	nous	wir
tu	du	vous	ihr, Sie
il	er	ils	sie (m)
elle	sie	elles	sie (w)
on	man		

Wem? oder wen?

Hauptwörter werden im Französischen – im Gegensatz zum Deutschen – nicht gebeugt. Die persönlichen Fürwörter dagegen werden auf die Fragen „wem?" oder „wen?" (Objektpronomen) verändert. Die jeweiligen Formen entsprechen dann dem deutschen Dativ (mir, dir, ihm ...) oder Akkusativ (mich, dich, ihn ...). Man unterscheidet im Französischen unbetonte und betonte Formen.

Die Formen des Wem-Falls (Dativ) sind:

unbetont	betont	
me/m'	à moi	mir
te/t'	à toi	dir
lui	à lui, à elle	ihm, ihr
nous	à nous	uns
vous	à vous	euch, Ihnen
leur	à eux, à elles	ihnen

Die Formen des Wen-Falls (Akkusativ) sind:

unbetont	betont	
me/m'	moi	mich
te/t'	toi	dich
le/l'	lui	ihn
la/l'	elle	sie (w/Ez)
nous	nous	uns
vous	vous	euch, Sie
les	eux	sie (m/Mz)
les	elles	sie (w/Mz)

Die unbetonten Formen stehen immer unmittelbar vor dem Verb:

Je te dis la vérité. — Ich sage dir die Wahrheit.
Je le vois tous les jours. — Ich sehe ihn jeden Tag.

Die betonten Formen können auch ohne Verb oder mit einem Verhältniswort gebraucht werden:

Je t'ai vu ! – Qui ? Moi ? — Ich habe dich gesehen! – Wen? Mich?
Ce cadeau est pour toi. — Dieses Geschenk ist für dich.

Die betonten Formen des Wen-Falls werden auch als verstärkte persönliche Fürwörter benutzt:

Vous la voulez, cette photo ? Moi non ! — Wollen Sie dieses Bild? Ich nicht!
Et toi, tu le sais ? — Und du, weißt du es?

Pronominaladverbien

Außerdem kennt das Französische die beiden Pronominaladverbien y *(dort, dorthin)* und en *(davon)*, die sich beide auf etwas vorher Genanntes beziehen:

J'aime la France, j'y vais chaque été. — Ich liebe Frankreich, ich fahre jeden Sommer dorthin.
J'aime ces fraises, j'en prends un kilo. — Ich mag diese Erdbeeren, ich nehme ein Kilo davon.

Besitzanzeigende Fürwörter (Possessivpronomen)

Besitzanzeigende Fürwörter (Possessivpronomen) werden in Geschlecht und Zahl an das Besitztum angepasst:

Ez (m)	Ez (w)	Mz (m/w)	
mon	ma	mes	mein/e
ton	ta	tes	dein/e
son	sa	ses	sein/e, ihr/e
notre	notre	notre	unser/e
votre	votre	votre	euer/eure, Ihr/e
leur	leur	leurs	ihr/e (Mz)

mon verre — mein Glas
ma voiture — mein Auto

Vor Hauptwörtern, die mit einem Selbstlaut oder „stummem h" beginnen, verwendet man in der Einzahl ausnahmslos die männliche Form:

mon amie — meine Freundin
ton épouse — deine Ehefrau

Doch Vorsicht! In der 3. Person Einzahl wird das Geschlecht des Besitzers nicht definiert, d. h. es gibt für „sein/e" und „ihr/e" nur die Formen son/sa/ses:

son père — sein Vater, ihr Vater
sa mère — seine Mutter, ihre Mutter

Zwischen besitzanzeigendem Fürwort und Hauptwort kann ein Eigenschaftswort stehen:

sa nouvelle voiture — sein neues Auto

Daneben gibt es noch Entsprechungen der deutschen Formen „der meinige/meiner", „das deinige/deins" etc., die ohne Hauptwort bzw. Besitztum stehen:

Ez (m)	Ez (w)	Mz (m)	Mz (w)
le mien	la mienne	les miens	les miennes
le tien	la tienne	les tiens	les tiennes
le sien	la sienne	les siens	les siennes
le nôtre	la nôtre	les nôtres	les nôtres
le vôtre	la vôtre	les vôtres	les vôtres
le leur	la leur	les leur	les leur

C'est ma voiture, où est la tienne ? — Das ist mein Auto, wo ist deins/das deinige?

Hinweisende Fürwörter (Demonstrativbegleiter & -pronomen)

Die hinweisenden Fürwörter stehen im Französischen vor dem Hauptwort (Demonstrativbegleiter) oder sie ersetzen dieses (Demonstrativpronomen). Sie richten sich in Geschlecht und Zahl nach dem Hauptwort. Hier ihre Formen im Überblick.

Demonstrativbegleiter:

Ez (m)	Ez (w)	Mz (m)	Mz (w)	
ce/cet*	cette	ces	ces	diese/r/s

* vor Selbstlauten und „stummem h": cet ami, cet hôtel.

Demonstrativpronomen:

Ez (m)	Ez (w)	Mz (m)	Mz (w)	
celui-ci	celle-ci	ceux-ci	celles-ci	diese/r/s (hier)
celui-là	celle-là	ceux-là	celles-là	diese/r/s (dort), jene/r/s

Ce livre est à nous et celui-là est à vous.	Dieses Buch gehört uns und das dort gehört euch.
Cette veste est jolie, mais celle-là est trop longue.	Diese Jacke ist hübsch, aber diese dort ist zu lang.

Die Suffixe -ci *(hier)* und -là *(da, dort)* können auch an das zu beschreibende Hauptwort angehängt werden:

Cette maison-ci est grande.	Dieses Haus (hier) ist groß.
Ces enfants-là sont malades.	Diese Kinder (dort) sind krank.

Tätigkeitswörter (Verben)

sein & haben

Zuerst einmal die beiden wichtigen Verben „sein" und „haben", die unregelmäßig sind. Da man sie sowohl als Vollverb als auch als Hilfsverb zur Bildung von weiteren Zeitformen benötigt, sollte man sich ihre Formen möglichst rasch einprägen.

	être	**sein**
je	suis	ich bin
tu	es	du bist
il/elle	est	er/sie ist
nous	sommes	wir sind
vous	êtes	ihr seid, Sie sind
ils/elles	sont	sie (Mz) sind

	avoir	**haben**
j'	ai	ich habe
tu	as	du hast
il/elle	a	er/sie hat
nous	avons	wir haben
vous	avez	ihr habt, Sie haben
ils/elles	ont	sie (Mz) haben

Regelmäßige Verben

Die französischen Verben bestehen aus einem Stamm und einer Endung. In der Grundform (Infinitiv) unterscheidet man die folgenden drei Endungen: -er, -ir und -(d)re. Nach diesen Infinitiv-Endungen teilt man die regelmäßigen Verben in drei Konjugationsgruppen ein:

parl**er**	chois**ir**/part**ir**/ouvr**ir**	atten**dre**
sprechen	(aus)wählen/abreisen/öffnen	warten

Das Präsens (Gegenwart)

Bei der Beugung im Präsens ersetzt man die Endung der Grundform durch die Endung für die handelnde Person („ich", „du" usw.). Die Bindestriche in den folgenden Tabellen sollen nur die Beugungsendung hervorheben.

Regelmäßige Verben

	parl-er	**sprechen**
je	parl-e	ich spreche
tu	parl-es	du sprichst
il/elle	parl-e	er/sie spricht
nous	parl-ons	wir sprechen
vous	parl-ez	ihr sprecht, Sie sprechen
ils/elles	parl-ent	sie (Mz) sprechen

	chois-ir	**(aus)wählen**
je	chois-is	ich wähle (aus)
tu	chois-is	du wählst (aus)
il/elle	chois-it	er/sie wählt (aus)
nous	chois-issons	wir wählen (aus)
vous	chois-issez	ihr wählt (aus), sie wählen (aus)
ils/elles	chois-issent	sie (Mz) wählen (aus)

	part-ir	**abreisen**
je	par-s	ich reise ab
tu	par-s	du reist ab
il/elle	par-t	er/sie reist ab
nous	part-ons	wir reisen ab
vous	part-ez	ihr reist ab, Sie reisen ab
ils/elles	part-ent	sie (Mz) reisen ab

	ouvr-ir	**öffnen**
j'	ouvr-e	ich öffne
tu	ouvr-es	du öffnest
il/elle	ouvr-e	er/sie öffnet
nous	ouvr-ons	wir öffnen
vous	ouvr-ez	ihr öffnet, Sie öffnen
ils/elles	ouvr-ent	sie (Mz) öffnen

	attend-re	**warten**
j'	attend-s	ich warte
tu	attend-s	du wartest
il/elle	attend	er/sie wartet
nous	attend-ons	wir warten
vous	attend-ez	ihr wartet, Sie warten
ils/elles	attend-ent	sie (Mz) warten

Bei den Verben auf -ir unterscheidet man drei Konjugationsmuster: die Verben mit Stammerweiterung auf -iss- (z. B. choisir), die Verben vom Typ partir und die Verben vom Typ ouvrir, die dieselben Endungen wie die Verben auf -er haben.

Unregelmäßige Verben

Die meisten französischen Verben sind regelmäßig, aber es gibt auch einige unregelmäßige Verben, zu denen viele der am häufigsten gebrauchten gehören:

	prendre (nehmen)	**dormir** (schlafen)	**venir** (kommen)	
je	prends	dors	viens	
tu	prends	dors	viens	
il/elle	prend	dort	vient	
nous	prenons	dormons	venons	
vous	prenez	dormez	venez	
ils/elles	prennent	dorment	viennent	
	devoir (müssen)	**pouvoir** (können)	**savoir** (wissen)	**vouloir** (wollen)
je	dois	peux	sais	veux
tu	dois	peux	sais	veux
il/elle	doit	peut	sait	veut
nous	devons	pouvons	savons	voulons
vous	devez	pouvez	savez	voulez
ils/elles	doivent	peuvent	savent	veulent
	aller (gehen)	**dire** (sagen)	**écrire** (schreiben)	
je/j'	vais	dis	écris	
tu	vas	dis	écris	
il/elle	va	dit	écrit	
nous	allons	disons	écrivons	
vous	allez	dites	écrivez	
ils/elles	vont	disent	écrivent	
	faire (machen, tun)	**mettre** (setzen, stellen)	**boire** (trinken)	
je	fais	mets	bois	
tu	fais	mets	bois	
il/elle	fait	met	boit	
nous	faisons	mettons	buvons	
vous	faites	mettez	buvez	
ils/elles	font	mettent	boivent	

Rückbezügliche Tätigkeitswörter (reflexive Verben)

Wie das Deutsche kennt auch das Französische rückbezügliche Verben („ich wasche mich"), also Verben, bei denen sich das Objekt („mich") auf die handelnde Person („ich") bezieht. Diese stellen in der Grundform das Wörtchen se *(sich)* voran, z. B. se laver *(sich waschen)*. Bei der Beugung werden die rückbezüglichen Fürwörter ebenfalls vor das Verb gestellt.

Hier die Formen im Überblick:

	se laver	**sich waschen**
je	me lave	ich wasche mich
tu	te laves	du wäschst dich
il/elle	se lave	er/sie wäscht sich
nous	nous lavons	wir waschen uns
vous	vous lavez	ihr wascht euch, Sie waschen sich
ils/elles	se lavent	sie (Mz) waschen sich

Vor Verben, die mit a, e, i, o, u oder „stummem h" (siehe Seite 110) beginnen, werden me, te und se zu m', t', s':

Je m'amuse beaucoup. — Ich amüsiere mich sehr.

Vergangenheit (Perfekt)

Das Französische kennt mehrere Vergangenheitsformen. Wir beschränken uns hier auf das Perfekt („vollendete Gegenwart"), z. B. „ich habe gesprochen", das insbesondere in Verbindung mit Zeitangaben wie aujourd'hui *(heute)*, hier *(gestern)* oder cette semaine *(diese Woche)* verwendet wird. Das Perfekt setzt sich zusammen aus einer Form der Hilfsverben avoir oder être und dem Partizip Perfekt. Letzteres wird gebildet, indem man bei den meisten Verben die Grundformendungen -er, -ir und -re durch die Partizip-Perfekt-Endungen -é (z. B. parlé „gesprochen"), -i (z. B. choisi „[aus]gewählt" oder parti „abgereist") und -u (z. B. attendu „gewartet") ersetzt.

Das Hilfsverb être *(sein)* wird speziell bei reflexiven Verben und vielen Verben der Bewegung gebraucht. Hierbei stimmt die Endung des Partizip Perfekt in Geschlecht und Zahl mit dem des Subjekts (handelnde Person) überein. Dagegen wird das Partizip Perfekt der Verben, die mit avoir *(haben)* gebraucht werden, nicht nach Geschlecht und Zahl verändert.

Mit être:

Einzahl (m)	all-é	ven-u	part-i
Einzahl (w)	all-ée	ven-ue	part-ie
Mehrzahl (m)	all-és	ven-us	part-is
Mehrzahl (w)	all-ées	ven-ues	part-ies

Je suis all**é** au cinéma. — Ich bin ins Kino gegangen. *(sagt ein Mann)*

Je suis all**ée** au théâtre. — Ich bin ins Theater gegangen. *(sagt eine Frau)*

Aber:

Nous avons lu le journal. — Wir haben die Zeitung gelesen.

Elles ont vu un joli film. — Sie haben einen schönen Film gesehen.

Im Folgenden eine Liste der wichtigsten unregelmäßigen Partizip-Perfekt-Formen:

avoir *(haben)*	eu *(gehabt)*
boire *(trinken)*	bu *(getrunken)*
comprendre *(verstehen)*	compris *(verstanden)*
devoir *(müssen)*	dû *(gemusst)*
dire *(sagen)*	dit *(gesagt)*
dormir *(schlafen)*	dormi *(geschlafen)*
écrire *(schreiben)*	écrit *(geschrieben)*
être *(sein)*	été *(gewesen)*

faire *(machen, tun)*	fait *(gemacht, getan)*
lire *(lesen)*	lu *(gelesen)*
mettre *(setzen, stellen, legen)*	mis *(gesetzt, gestellt, gelegt)*
mourir *(sterben)*	mort *(gestorben, tot)*
prendre *(nehmen)*	pris *(genommen)*
pouvoir *(können)*	pu *(gekonnt)*
venir *(kommen)*	venu *(gekommen)*
voir *(sehen)*	vu *(gesehen)*
vivre *(leben)*	vécu *(gelebt)*
vouloir *(wollen)*	voulu *(gewollt)*

Bei der Form Est-ce que vous saviez ? *(Wussten Sie?)* handelt es sich um das sogenannte „Imperfekt". Bildung und Gebrauch dieser Zeitform werden im Rahmen dieses Sprachkurses nicht behandelt.

Zukunft

Die einfachste und in der Umgangssprache üblichste Form, die Zukunft auszudrücken, ist es, die gebeugten Formen des Verbs aller *(gehen)* mit dem Infinitiv eines zusätzlichen Verbs zu kombinieren:

Il va venir bientôt.	Er wird bald kommen.
Nous allons nous rencontrer au bar.	Wir werden uns in der Kneipe treffen.

Konditional

Mit dem Konditional bringt man eine Bitte oder einen Wunsch auf besonders elegante und höfliche Weise zum Ausdruck. Jedoch ist seine Bildung nicht immer ganz einfach, daher genügt es, wenn Sie sich die gängigsten Formen, die in diesem Kurs vorkommen, merken:

je	voudrais	ich hätte gerne/möchte
nous	voudrions	wir hätten gerne/möchten
je	devrais	ich müsste/sollte
vous	devriez	ihr müsstet/solltet, Sie müssten/sollten
je	pourrais	ich könnte/dürfte
vous	pourriez	ihr könntet/dürftet, Sie könnten/dürften

Auch être *(sein)* bildet den Konditional unregelmäßig:

Je te serais très reconnaissant.	Ich wäre dir sehr dankbar.
Ce serait bien ...	Das wäre schön ...

Verneinung

Verben werden mit ne + Verb + pas verneint:

Je **ne** peux **pas** payer.	Ich kann nicht zahlen.
Tu **ne** viens **pas**.	Du kommst nicht.

Das Wörtchen ne wird vor einem Selbstlaut oder „stummem h" zu n':

Je **n'**ai **pas** le temps.	Ich habe keine Zeit.

Verneint man Verben im Perfekt oder in der Zukunft, steht ne vor dem entsprechenden Hilfsverb, während pas diesem zwar nicht direkt folgen muss, aber in der Regel vor dem Hauptverb steht.

Tu **n'**as donc **pas** vu ce film ?	Du hast diesen Film also nicht gesehen?
Elle **ne** va surement **pas** venir avant huit heures.	Sie wird sicher nicht vor acht Uhr kommen.

Steht nach der Verneinung ein Hauptwort oder eine Mengenangabe, kann nur de – aber nicht de la, du oder des – verwendet werden:

J'ai du sucre.	Ich habe Zucker.
Je **n'**ai **pas de** sucre.	Ich habe keinen Zucker.

Möchte man ausdrücken, dass etwas „nicht mehr" geschieht, stellt man plus *(mehr)* statt pas hinter das verneinte Verb:

Je **n'**ai **plus** d'argent.	Ich habe kein Geld mehr.
Il **ne** se souvient **plus**.	Er erinnert sich nicht mehr.

Genauso kann man auch jamais *(nie, niemals)* oder rien *(nichts)* anfügen:

Je **n'**ai **jamais** d'argent.	Ich habe nie Geld.
Elle **ne** sait **rien**.	Sie weiß nichts.

Fragen

Es gibt im Französischen drei Möglichkeiten, eine Frage zu stellen.

1. Ähnlich wie im Deutschen kann man die Wortreihenfolge ändern, sodass das persönliche Fürwort nach dem Verb steht – hierbei wird ein Bindestrich an das Verb angehängt:

Vas-tu à Paris ?	Fährst/Gehst du nach Paris?
Savez-vous où est la gare ?	Wissen Sie, wo der Bahnhof ist?
Que penses-tu ?	Was meinst du?

In der 3. Person wird nach Selbstlauten – aussprachebedingt – ein -t- eingefügt:

A-t-il des amis à Bruxelles ?	Hat er Freunde in Brüssel?

2. Die einfachste Art, eine Frage zu bilden, ist es jedoch, am Ende eines normalen Aussagesatzes die Stimme fragend anzuheben. Fragewörter stehen bei dieser Art der Fragestellung meist am Satzende:

Tu vas à Lyon ?	Fährst/Gehst du nach Lyon?
Tu as un peu de temps ?	Hast du ein bisschen Zeit?
Ta mère arrive quand ?	Wann kommt deine Mutter an?

3. In der Umgangssprache sehr beliebt ist die Konstruktion mit est-ce que:

Est-ce que vous allez à Grenoble ?	Fahren/Gehen Sie nach Grenoble?
Est-ce que tu habites aussi ici ?	Wohnst du auch hier?
Qu'est-ce que tu fais ?	Was machst du?
Quand est-ce qu'elle va venir ?	Wann wird sie kommen?

Die wichtigsten Fragewörter sind:

comment ?	wie?	quand ?	wann?
où ?	wo?, wohin?	qui ?	wer?, wen?
d'où ?	woher?	à qui ?	wem?
quel/quelle ?	welche/r? (Ez)	que/quoi ?	was?
quels/quelles ?	welche? (Mz)		

Combien ça fait ?	Wie viel/Was macht das?
Il vient d'où ?	Woher kommt er?
Que fait-elle aujourd'hui ?	Was macht sie heute?

Verhältniswörter (Präpositionen)

Die wichtigsten französischen Verhältniswörter sind:

à	in, nach, um, zu	sur	auf, über
avec	mit	sous	unter
de	von, aus, ab	dans	in
depuis	seit	devant	vor
en	in, nach	derrière	hinter
pour	für, nach	entre	zwischen

Die Verhältniswörter à und de verschmelzen mit den bestimmten Artikeln le und les:

	le	la	l'	les
à	**au**	à la	à l'	**aux**
de	**du**	de la	de l'	**des**

Qui est au bureau ?	Wer ist im Büro?
Tu l'as appris des amis ?	Hast du es von den Freunden erfahren?

Auffordern & befehlen (Imperativ)

Die Befehlsform (Imperativ) wird wie folgt gebildet:

Regelmäßige Verben auf -er:

Chant**e** !	Singe!
Chant**ons** !	Lass(t) uns singen!
Chant**ez** !	Singt! / Singen Sie!

Regelmäßige Verben auf -ir:

Chois**is** !	Wähl (aus)!
Chois**issons** !	Lass(t) uns (aus)wählen!
Chois**issez** !	Wählt (aus)! / Wählen Sie (aus)!

Regelmäßige Verben auf -(d)re:

Atten**ds** !	Warte!
Attend**ons** !	Lass(t) uns warten!
Attend**ez** !	Wartet! / Warten Sie!

Wichtige unregelmäßige Formen sind z. B. aller *(gehen)*:

Va !	Geh!
Allons !	Lass(t) uns gehen!
Allez !	Geht! / Gehen Sie!

Häufig hört man auch:

Vas-y !	Los, geh!
Allons-y !	Lass(t) uns gehen!

Ebenfalls unregelmäßig sind:

Prends !	Nimm!	Viens !	Komm!
Prenons !	Lass(t) uns nehmen!	Venons !	Lass(t) uns kommen!
Prenez !	Nehmt! / Nehmen Sie!	Venez !	Kommt! / Kommen Sie!

Man verneint den Imperativ ebenfalls mit ne und pas:

Ne viens pas !	Komm nicht!
Ne mangez pas de moules !	Esst/Essen Sie keine Muscheln!

Deutsche Übersetzung der Landeskundetexte

Lektion 1

DU UND SIE

Wussten Sie?
Im Französischen verhält es sich mit dem „Sie" *(vous)* und „du" *(tu)* ähnlich wie im Deutschen. Gleichaltrige, all gemein junge Leute, aber natürlich auch Freunde, Kollegen, Bekannte und Verwandte duzen *(tutoyer)* sich in der Regel. Gesiezt *(vouvoyer)* werden v. a. Unbekannte und ältere Respektspersonen. Wer seinen Gesprächspartner siezt, sollte diesen am besten mit dem Nachnamen ansprechen. Man stellt ihm ein *Madame* ... (Frau ...) oder *Monsieur* ... (Herr ...) voran. Kennt man den Nachnamen nicht, so kann man auch einfach nur *Monsieur* oder *Madame* benutzen, wobei dies nicht antiquiert klingt wie im Deutschen, sondern ein Ausdruck von Höflichkeit ist. Die Anrede *Mademoiselle* (Fräulein) für junge Frauen hört man ebenfalls noch recht häufig, denn es klingt immer noch eine Art Kompliment mit. Relativ unüblich in der Anrede – zumindest außerhalb des akademischen Umfelds – sind Titel wie *docteur* (Dr.) oder Berufsbezeichnungen wie Anwalt oder Ingenieur.

Begrüßungszeremonien
Unter Unbekannten ist es auch in Frankreich üblich, sich die Hände zu schütteln *(donner la main)*. Unter Bekannten, Verwandten und Freunden gibt man sich angedeutete Wangenküsse, meist ein- oder zweimal sowohl rechts als auch links. Die Anzahl der Küsse unterscheidet sich regional und es berühren sich die Wangen, während man in Richtung Ohr „in die Luft" küsst. Diese sogenannte *bise* ist zwischen Männern und Frauen sowie zwischen Frauen üblich; Männer hingegen „küssen" Männer nur, wenn sie sich gut kennen.

AUF NACH FRANKREICH!

Avant tout – Vorneweg
Glückwunsch! Sie haben die erste Lektion dieses Kurses erfolgreich gemeistert und befinden sich auf dem besten Weg, bald auch sprachlich fit für einen Aufenthalt in Frankreich oder einem anderen französischsprachigen Land zu sein. Egal, wo *le français* gesprochen wird, mit französischen Grundkenntnissen werden Sie überall zwischen *Montréal, Paris, Bruxelles* und *Genève* offene Türen einrennen. Und Ihre Sprachkenntnisse machen sich natürlich auch anderswo bezahlt, immerhin ist Französisch nach wie vor eine wichtige Weltsprache mit zig Millionen Sprechern. Nun, ob Sie also im Kernland der alten Gallier, im Osten Kanadas oder in weiten Teilen Afrikas, in der Karibik oder in der Südsee auf Erkundungstour gehen, mit dem Nötigsten an Französisch „im Gepäck" wird so manche Reisesituation sicherlich viel einfacher zu meistern sein. *Allons-y !* (Los geht's!)

Lektion 2

FAMILIE

Wussten Sie?
Anders als in den meisten Ländern Westeuropas bekommen französische Frauen durchschnittlich zwei Kinder, aber die Geburtenrate geht zurück. Das Heiraten ist heute „out", zählt man doch gerade noch 235.000 Hochzeiten jährlich (im Vergleich dazu waren es 1950 noch 430.000, jedoch bei einer geringeren Einwohnerzahl!). Immer mehr Paar werden unverheiratet Eltern und es gibt über eine Million allein-

erziehende Eltern. Kein Wunder, dass da gerade die Großeltern oft als Babysitter auserkoren werden oder sich z. B. während der großen Ferien (diese dauern in Frankreich zwei Monate!) um die Kleinen kümmern. Auf der anderen Seite wird die Mobilität auch *en France* immer wichtiger, sodass die Kinder häufig mit Beginn des Studiums von zuhause ausziehen. Während früher der sonntägliche Besuch bei den Eltern zum obligatorischen Mittagessen *(le déjeuner du dimanche)* zum guten Ton gehörte, studieren und arbeiten heutzutage viele junge Leute in Städten, die weit weg vom Elternhaus liegen. Gelegenheiten, an denen man mal wieder alle von Großvater und Großmutter bis zu Onkel und Tante sieht, sind rar und beschränken sich nicht selten auf besondere Anlässe.

PARIS – DIE GLANZVOLLE HAUPTSTADT

À ne pas manquer ! – Sehenswertes

Bei all dem Touristenrummel am Eiffelturm und im *Louvre* möchten Sie vielleicht wissen, wo denn die *Parisiens* hingehen, um einen schönen Sommerabend zu genießen oder das Wochenende einzuleiten. Nun, immer noch angesagt ist das kleine Viertel entlang der *rue Mouffetard* oder die Gässchen unmittelbar am *Canal Saint Martin* mit ihren Kneipen und Bistros. Und wo kann man mal alle viere von sich strecken? Wirklich edles französisches Flair erhascht man im *Jardin du Luxembourg* gegen Abend, wenn die Sonne die gesamte Umgebung in ein warmes Rot taucht. *Simplement fantastique !*

Bon appétit ! – Regionale Spezialitäten

Paris ist unbestritten das Epizentrum, wenn es in Frankreich um gutes Essen geht. Die Pariser Küche wurde praktisch von allen Regionen des Landes beeinflusst, weshalb sich die Stadt besonders gut für eine gastronomische Minireise quer durch sämtliche französischen Spezialitäten eignet, z. B. in den *brasseries*, die gerade mittags günstige Menüs anbieten. Angeblich gibt es in Frankreichs Kapitale die besten *baguettes*, *croissants* und *pains au chocolat* (Schokocroissants) des Landes, die man sich traditionell zum Frühstück mit etwas *confiture* und einer Tasse *café* gönnt. Wirklich typisch *à la parisienne* sind außerdem die kreativen appetitanregenden Häppchen der *traiteurs* (Feinkosthändler mit Partyservice) und die unwiderstehlichen Kuchen und Törtchen der allgegenwärtigen *pâtisseries*.

Les bons tuyaux – Geheimtipps

Wer genug hat vom Sightseeingstress, dem empfiehlt sich ein Besuch des Antiquitäten- und Flohmarkts an der *Porte de Clignancourt* jeden Samstag, Sonntag und Montag. Oder wie wär's mit einer exotischen Stadttour nach *Belleville*, dem lebendigen Multikulti-Melting-Pot im Osten der Stadt, in das afrikanisch-arabisch geprägte Viertel am *Boulevard Barbès*, durch die zentralafrikanischen Märkte in *Château Rouge* oder in das asiatisch geprägte *quartier* (Viertel) rund um die Metro-Station *Tolbiac*?

Lektion 3

TRANSPORTMITTEL

Wussten Sie?

Tickets (Fahrkarten) für U-Bahnen kauft man in der Regel am Automaten oder am Schalter direkt an der entsprechenden Station. Im Bus kauft man sie beim Fahrer. Meist muss man die Tickets vor Fahrtantritt entwerten. Falls Sie unsicher sind, fragen Sie einfach: *Est-ce que je dois composter le billet ?* (Muss ich die Fahrkarte entwerten?) In vielen Städten gibt es „Stadtpässe" für mehrere Tage, die neben freier Fahrt auch Ermäßigungen in Museen und anderen Sehenswürdigkeiten bieten.

Und über Land?
Zugfahren ist in Frankreich praktisch und relativ preiswert (Frühbucher bekommen Rabatt!). Für größere Distanzen sind Inlandsflüge eine sinnvolle Alternative, zumal es auch in Frankreich oft günstige Angebote gibt. Übrigens: Bei Abfahrten von Zügen, Flugzeugen, Fähren etc. gibt man immer die präzise Uhrzeit an: *Le train part à 15h25 (quinze heures vingt-cinq).*

Per pedes!
Man muss ja nicht unbedingt motorisiert unterwegs sein ... Frankreich ist ein Paradies für Spaziergänger und Wanderer. Hilfreich bei der Streckenwahl ist *die Fédération française de la randonnée pédestre* (kurz *FFRP*), ein gemeinnütziger Dachverband, dem über 3.000 Wandervereine angeschlossen sind. Der Verband veröffentlicht Kartenmaterial zu den über 100.000 km langen *itinéraires de promenade et randonnée* (Spazier- und Wanderwege) sowie den ca. 65.000 km langen *sentiers de grande randonnée* (Fernwanderwege). Na dann mal los! Mehr Infos unter www.ffrandonnee.fr.

CÔTE D'AZUR & PROVENCE – DER ZAUBER DES SÜDENS

À ne pas manquer ! – Sehenswertes
Wer denkt bei *Côte d'Azur* und *Provence* nicht gleich an Sonne und Meer, an diesen ganz besonderen Charme, der so viele Maler und Schriftsteller inspirierte, an den internationalen Jetset und leuchtende Lavendelfelder? Kaum eine andere Region Frankreichs sieht so viele Urlauber wie der Küstenabschnitt zwischen *Saint-Tropez*, *Cannes*, *Antibes Juan-Les Pins*, *Nice* und dem Fürstentum *Monaco*. Doch auch das Hinterland um *Grasse* und die hoch über dem Meer in den Bergen thronenden Orte wie *Èze*, *Gourdon* oder *Saint-Paul* sollten auf einer *Provence*-Reise auf keinen Fall fehlen.

Bon appétit ! – Regionale Spezialitäten
Inbegriff der provenzalischen Küche ist die Fischsuppe *bouillabaisse*, bei der die Fische und das Gemüse nach dem Kochen aus dem Sud genommen und separat gereicht werden. Probierenswert sind außerdem so kreative Gerichte wie *loup de mer en croute de sel* (Seewolf in Salzkruste) oder *daube de bœuf à la provençale* (Rinderragout auf provenzalische Art). Wem mehr nach fleischloser Kost ist, der kommt hier im Land der *ratatouille* (Gemüseeintopf aus Zucchini, Auberginen, Tomaten u. a.) natürlich auch nicht zu kurz. Und was trinkt man zu alledem? Die Weine der *Côtes du Rhône* und der *Côtes de Provence* sind auch über die Grenzen Frankreichs hinaus bekannt, doch das vielleicht beliebteste Getränk der Region ist der aus Anis gewonnene *Pastis*, den man immer mit eisgekühltem Wasser verdünnt zu sich nimmt.

Les bons tuyaux – Geheimtipps
Immer noch recht wenige Touristen besuchen *Marseille*, die Metropole am Mittelmeer, doch die zweitgrößte Stadt Frankreichs ist historisch interessant und lebendig zugleich. Verpassen Sie auf keinen Fall einen Spaziergang durch den *Vieux Port* (alter Hafen) und das anschließende, nordafrikanisch geprägte *Quartier du Panier*. Von hier aus genießt man einen traumhaften Blick hinauf zur prachtvollen Kirche *Notre-Dame de la Garde*.

Lektion 4

TOURISMUS IN FRANKREICH

Wussten Sie?
In Frankreich gilt gerade in der *haute saison* (Hauptsaison), also im Juli und speziell im August: Wer nicht früh genug bucht, riskiert, kein Zimmer mehr zu bekommen. Weit entspannter geht es in der *l'avant-saison et l'après-saison* (Vor- und Nachsaison) und der *la basse saison* (Nebensaison) zu, wenn vielerorts Sondertarife Urlauber locken sollen. Man hat gewöhnlich die Wahl zwischen *hôtel* (Hotel), *gite rural* (Ferienhaus auf dem Land), *résidence de tourisme* (Ferienanlage), *pension* (Pension), *chambres d'hôtes* (meist private

Gästezimmer), *auberge de jeunesse* (Jugendherberge) und *camping* (Campingplatz). Typisch französisch sind außerdem die *centres de vacances* (Ferienzentren), die sich während der Sommerferien in erster Linie an Kinder richten, dabei aber auch deren Eltern reichlich Freizeitspaß anbieten. Definitiv keine Übernachtungsmöglichkeit bietet jedoch das *hôtel de ville*, denn dabei handelt es sich um das Rathaus.

Aber wohin?
Wer nicht genau weiß, wohin er in Frankreich soll, dem hilft vielleicht www.chambres-hotes.fr weiter. Hier finden sich viele Angebote für außergewöhnliche Landhotels und familiengeführte Pensionen.

Reservierungen
In den meisten Hotels und Pensionen kann man im Vorfeld per E-Mail reservieren. Hier eine Mustervorlage, wie so eine E-Mail aussehen kann.

LYON – NICHT NUR FÜR ECHTE GOURMETS

À ne pas manquer ! – Sehenswertes
Lyon ist die drittgrößte Stadt Frankreichs und eine der vielfältigsten des Landes. Bei einem Spaziergang durch die am Zusammenfluss von *Rhône* und *Saône* gelegene Metropole sollte man auf keinen Fall die *Cathédrale Saint-Jean*, die Basilika *Notre-Dame de Fourvière*, die römischen Amphitheater, den *Tour métallique de Fourvière* und das eindrucksvolle Rathaus auf der *Place des Terreaux* verpassen. Doch auch kulturell hat Lyon einiges zu bieten: Mit etwa 30 Museen, zahlreichen Bühnen und Theatern – darunter das in ganz Frankreich berühmte *Théâtre Guignol* (Kasperltheater) – und dem Filmzentrum *Institut Lumière* kommen hier Interessierte so ziemlich aller Kulturrichtungen auf ihre Kosten.

Bon appétit ! – Regionale Spezialitäten
Auffallend viele international renommierte Küchenchefs kommen aus Lyon und haben dazu beigetragen, dass die Stadt heute in ganz Frankreich als wichtiges Zentrum kulinarischer Gaumenfreuden gilt. Hier sind viele der exotischeren Spezialitäten beheimatet, wie *saladier lyonnais* (ein Salat aus Schafsfüßen, Heringsfilets, Geflügelleber und hartgekochten Eiern), *cuisses de grenouilles* (gebratene Froschschenkel), *poularde demi-deuil* (Hähnchen mit Trüffeln unter der Haut), *coq au vin* (in Wein geschmorter Hahn), *quenelles de brochet* (Hechtklößchen) oder die unzähligen Wurstspezialitäten wie z. B. die in Deutschland „Lyoner" genannte *cervelas*. Zur Erkundung der gastronomischen Highlights bieten sich die typischen, *bouchons* genannten Bistros an, in denen man natürlich auch den weltberühmten *Beaujolais* bekommt.

Les bons tuyaux – Geheimtipps
Auch Liebhaber der *Urban Art*-Szene werden Lyon schätzen, immerhin haben sich innovative Künstlergruppen in der ganzen Stadt mit über 100 Kunst werken auf Mauern und Gebäuden verewigt. Außerdem wurde hier 1989 der weltweit erste Lichtmasterplan in Kraft gesetzt und seitdem sind Hunderte Bauwerke und andere Objekte illuminiert.

Lektion 5

UNTERKUNFT

Alternativer Urlaub?
Vor allem am Mittelmeer liegen viele der bekannten *villages de vacances* (Feriendörfer) und natürlich die Campingplätze. Ganz im Gegensatz zu diesen auf den „Massentourismus" ausgerichteten Unterkünften findet seit einigen Jahren eine Entwicklung in Richtung alternativen Tourismus statt, bei dem Exklusivität und Individualität im Vordergrund stehen. In diesem Zusammenhang entstanden die *hôtels de charme* („Romantikhotels"), die *Relais et Châteaux* (zu Luxushotels ausgebaute [meist historische] Gebäude) sowie die charmanten *gites ruraux* (einfache Unterkünfte auf dem Land).

Ausfüllen, bitte!
In vielen Unterkünften muss ein Anmeldeformular ausgefüllt und unterschrieben werden. Hier nützliches Vokabular, um ein solches Formular zu verstehen: *lettres majuscules* (Großbuchstaben), *nom de famille* (Nachname), *prénom* (Vorname), *domicile* oder *adresse* (Adresse), *date d'arrivée* (Ankunftsdatum), *nombre de nuitées* (Anzahl der Übernachtungen).

Camping
Mit knapp 10.000 Campingplätzen kann Frankreich durchaus als Paradies für einen Urlaub mit Zelt, Wohnwagen oder Wohnmobil angesehen werden. Doch auch hier gilt, dass gerade im Hochsommer – speziell im August – die Plätze häufig bis auf den letzten Quadratmeter belegt sind. Übrigens: Wildes Campen ist nicht zu empfehlen und steht vielerorts sogar unter Strafe. Wer dagegen auf einem Privatgrundstück kampieren möchte, sollte unbedingt um die Erlaubnis des Besitzers bitten: *Est-ce que nous pouvons camper sur votre terrain ?* (Können wir auf Ihrem Grundstück campen?)

PAYS DE LA LOIRE & CENTRE – DER GARTEN FRANKREICHS

À ne pas manquer ! – Sehenswertes
Mit über 1.000 km ist die *Loire* Frankreichs längster Fluss und die Regionen *Pays de la Loire* und *Centre* zählen zu den bedeutendsten Kulturlandschaften der Republik. Die meisten Besucher kommen wegen der über 400 Schlösser und Burgen aus allen Epochen der europäischen Kunstgeschichte hierher. Diese sind wie Perlen entlang des *Loire*-Tals zwischen *Orléans* und der Mündung des Flusses in den Atlantik aufgereiht. Zu den berühmtesten zählen die *Châteaux* von *Amboise*, *Blois*, *Chambord* und *Chenonceau*. Aber auch die Städte *Angers*, *Nantes*, *Orléans* und *Tours* bieten neben mittelalterlichem Charme noch wirklich französisches Flair jenseits des Touristenbilderbuchs.

Bon appétit ! – Regionale Spezialitäten
Die hiesige Küche ist herzhaft und üppig, z. B. mit den – nicht zuletzt durch ihren penetranten Geruch – berühmten *andouillettes* (aus Innereien gefertigte Würste), den aus Tours stammenden Pasteten und Terrinen namens *rillettes* und *rillons* sowie typischen Fleischgerichten wie *langues de bœuf* (Rinderzungen) oder *tête de veau* (Kalbskopf). Aber auch gemüsetechnisch hat die Region einiges zu bieten, immerhin bezeichnet man sie als *le jardin de la France* (der Garten Frankreichs). So sind die *champignons* (Pilze) im ganzen Land beliebt, genauso wie die hiesigen Weine, allen voran der trockende Weißwein *Muscadet*.

Les bons tuyaux – Geheimtipps
Über längere Strecken befahrbar ist die *Loire* nur noch ab *Bouchemaine* – südlich von *Angers* – bis oberhalb von *Nantes*, auch von Ausflugsschiffen für Touristen. Doch andernorts wird die *Loire* von schiffbaren Kanälen begleitet, wie z. B. dem *Canal* zwischen *Roanne* und *Digoin* und dem *Canal latéral à la Loire* zwischen *Digoin* und *Briare*, auf denen man ebenfalls ganz entspannt dahinschippern kann.

Lektion 6

IM CAFÉ

Wussten Sie?
Kaffeetrinken ist für viele Franzosen häufig nur eine Sache von ein paar Minuten und wird im Stehen erledigt. Dabei ist der *petit noir, petit café* oder *café express* (alle: Espresso) die beliebteste Variante. Man bestellt, trinkt und bezahlt ihn an der Theke einer der zahlreichen *bars* oder *cafés*, z. B. auf dem Weg ins Büro, nach dem Mittagessen oder mal eben zwischendurch. Zum Frühstück, speziell zu Hause, bevorzugt man den *café (filtre)* (Filterkaffee) oder *café au lait* (Milchkaffee), der in der Regel aus einer großen Schale –

bol genannt – getrunken wird, in die man das Brot oder Croissant eintunkt. Außerdem findet man den *café crème* (Kaffee mit Sahne oder Milch), *café liégeois* (Eiskaffee) oder *café arrosé* (schwarzer Kaffee mit einem Schuss Alkohol wie Rum oder Brandy).

L'apéro !

Wirklich *typiquement français* ist die Tradition, vor dem Essen einen Aperitif – umgangssprachlich *apéro* genannt – zu sich zu nehmen. Zu den beliebtesten Aperitifs gehören Schaum- und Süßweine, Champagner, der Anisschnaps *Pastis* (auch gemischt mit Sirup z. B. als *perroquet*), Whisky, Minzlikör oder Kir bzw. Kir royal (siehe Seite 96). Nach dem Essen gönnt man sich außerdem Digestifs in Form von *cognac*, *armagnac*, *calvados*, *eau de vie* (Schnaps) oder Liköre, die die Verdauung anregen sollen.

In den Bars und Cafés gibt es

Zum Trinken: *vin blanc* (Weißwein), *vin rouge* (Rotwein) oder *(vin) rosé* (Rosé), *bière* (Bier), *pression* (gezapftes Bier), *panaché* (Radler/Alsterwasser), außerdem *thé* (Tee), *tisane* (Kräutertee) und natürlich jede Menge *boissons rafraichissantes* (Erfrischungsgetränke) und diverse *jus de fruits* (Fruchtsäfte).
Zum Essen: *croque monsieur* (Schinken-Käse-Toast), *croissant* (Hörnchen), *sandwich* (belegtes Baguette), z. B. *au fromage* (mit Käse), *au jambon* (mit Schinken), *au saucisson* (mit Salamiwurst) oder *au pâté* (mit Pastete) und *salade* (Salat). Aber Vorsicht, in französischen *cafés* gibt es keinen Kuchen, dafür manchmal *tartes* (flacher Mürbeteigkuchen, mit Obst oder herzhaft belegt)!

BRUXELLES & WALLONIE – FLACH, ABER OHO

À ne pas manquer ! – Sehenswertes

Brüssel – die Hauptstadt Belgiens – weist als Verwaltungssitz der EU ein hohes Maß an Internationalität auf. Und wer die Topattraktionen wie die *Grand-Place* mit dem gotischen Rathaus, die Kathedrale *Saints-Michel-et-Gudule*, das Atomium sowie das *Manneken-Pis* besichtigt hat, mag sich fragen, wo denn noch etwas vom „echten" Bruxelles zu erleben ist. Versuchen Sie's doch mal mit einem Spaziergang durch *Ixelles*, dem vielleicht buntesten Quartier im Südosten der Stadt.

Bon appétit ! – Regionale Spezialitäten

Frischer Fisch und Meeresfrüchte erfreuen sich in Belgien größter Beliebtheit, allen voran die Miesmuscheln (meist als *moules-frites* mit Pommes frites), aber auch Gerichte mit Wild, Fasan oder Hase findet man auf den Speisekarten. Beneidet werden die Belgier wegen ihrer einzigartigen Schokokreationen, Pralinen und natürlich den *gaufres* genannten Waffeln. Und was trinken die Belgier? Selbstverständlich Bier, denn das Land gehört mit mehr als 1.000 Sorten zu den größten Gerstensaftproduzenten der Welt – und seit 2016 ist das Belgische Bier sogar UNESCO-Weltkulturerbe! Kein Wunder, dass es in Belgien eine lebendige Kneipenkultur gibt, wo in der Regel eine breite Auswahl an Bieren angeboten und die jeweilige Marke mit ihrer „idealen" Temperatur und im passenden Glas serviert wird. Klar, dass man da nicht ganz banal nur *une bière* bestellt, oder?

Les bons tuyaux – Geheimtipps

Nur wenige Touristen denken bei Belgien ans Wandern. Doch wer die Ardennen in den wallonischen Provinzen *Liège* und *Namur* besucht, wird überrascht von der hiesigen Natur sein. Höhepunkte sind das Tal der *Amblève* unweit *Sedoz* oder eine Wanderung entlang der *Semois* von *Vresse-sur-Semois* bis *Mouzaive*. Und wer lieber der Kultur frönt, der sollte das alljährlich im August stattfindende Straßentheaterfestival im idyllischen *Soiron* nicht verpassen.

ESSEN & TRINKEN

Wussten Sie?

Wer typisch französisch und kostengünstig essen möchte, der sollte eine der zahlreichen und sehr beliebten *brasseries* aufsuchen. Hier gibt es die wirklich authentischen regionalen Spezialitäten, und das oft in Form von günstigen Mittagsmenüs *(plat du jour)*.

Steak frites

Überall in Frankreich liebt man Steaks, entweder als *steak haché* (Hacksteak), *steak tartare* (Tartarsteak), *entrecôte* – also vom Zwischenrippenstück oder von der Hochrippe – oder als *pavé de bœuf* (dick zugeschnittenes Stück Rindfleisch). Geben Sie beim Bestellen an, ob Sie das Fleisch *saignant* (blutig), *à point* (medium) oder *bien cuit* (gut durch) möchten. Als Beilage gibt es meist Pommes frites und eine Sauce nach Wahl, z. B. *au poivre* (mit Pfeffer) oder *à la moutarde* (mit Senf).

Zahlen, bitte!

In Frankreich ist es unüblich, getrennte Rechnungen zu verlangen. Hat man mit Freunden oder Bekannten gespeist, zahlt entweder einer für alle oder es wird der Endbetrag durch die Anzahl der Gäste geteilt. Und was ist mit dem Trinkgeld? Das lässt man einfach auf dem Tisch zurück (etwa 5–10 % des Rechnungsbetrags).

BRETAGNE – DIE WILDE WESTKÜSTE

À ne pas manquer ! – Sehenswertes

Die *Bretagne* ragt weit in den Atlantik hinein und ist eine schlichtweg atemberaubende Region. Mit knapp 3.000 km Küste – kein Ort liegt mehr als 100 km vom Meer entfernt – bietet *Breizh*, wie sie die Bretonen nennen, unvergleichliche Landschaften. Besonders eindrucksvoll sind die *Côte de Granit Rose* mit ihren rosa schimmernden Granitfelsen, die monumentalen Klippen des *Cap Fréhel* oder der *Pointe du Raz*, aber auch der von Kanälen durchzogene *Parc naturel régional de Brière*. Und auch die Örtchen *Combourg*, *Josselin* und *Locronan* oder die Stadt *Quimper* laden durch ihre heimelige Atmosphäre und die ganz eigene Architektur zum entspannten Flanieren ein.

Bon appétit ! – Regionale Spezialitäten

Es wundert kaum, dass Meeresfrüchte – allen voran Austern, Hummer, Langusten und Muscheln – auf den bretonischen Speisekarten ganz oben stehen. So sollte man keinesfalls eine echte *cotriade* (eine Art Fischsuppe) oder die fantastischen *huitres de la rivière du Bélon* (Belon-Austern) verpassen, die man übrigens ganz unkonventionell nur mit Brot und gesalzener Butter liebt. Das vielleicht berühmteste bretonische Exportprodukt sind die *crêpes* (feine Pfannkuchen), die man nicht nur süß, sondern auch salzig mag, wenn auch die klassische Variante mit Zucker wohl immer noch der Renner ist. Wer mehr auf Kuchen steht, der sollte einen *Kouign Amann* (ein leichter Butterkuchen) oder einen *gâteau breton* (ein mit Rum getränkter, runder Kuchen) probieren.

Les bons tuyaux – Geheimtipps

Lust auf Baden? Kein Problem, am Golf von *Morbihan* finden sich weiße Sandstrände, die zur Erfrischung im kühlen Nass einladen. Apropos „nass", rund 800 kleine und große Inseln umgeben die Küste der *Bretagne*, wie die für ihre Blumenpracht berühmte *Ile de Bréhat*, die besonders durch ihre seltenen Vogelarten bekannte *Ile Molène* oder der Archipel der *Sept Iles*, auf denen man mit etwas Glück Graurobben beobachten kann.

Lektion 8

INTERNET & TELEFON

Immer online
Natürlich wird auch überall in der französischsprachigen Welt der Zugang ins Internet immer einfacher. Erfreulicherweise bieten mittlerweile die meisten Hotels gratis WLAN-Zugang im Zimmer bzw. in der Lobby an. Auch in immer mehr Cafés und Lokalen, internationalen Flughäfen, in *centres commerciaux* (Einkaufszentren) oder sogar in öffentlichen Parks findet man WLAN-Hotspots.

Wussten Sie?
Vorsicht, nicht immer hat ein französisch klingendes Wort auch im Original die gleiche Bedeutung. Die *batterie* bezeichnet im Französischen den Akku, die Autobatterie oder das Schlagzeug, eine Batterie nennt man *pile*. Die Tastatur nennt man *clavier*, während das Klavier *piano* genannt wird. Und wissen Sie, was ein *feuilleton* ist? Ein Fortsetzungsroman, die Kulturseiten einer Zeitung heißen hingegen *rubrique culture*. Und wenn darin von einem *régisseur* die Rede ist, meint man einen Regieassistenten, denn der Regisseur ist auf Französisch der *metteur en scène* oder *réalisateur*. Außerdem unterscheiden Franzosen zwischen *appartement* (Wohnung) und *studio* (Apartment), der *trésor* bezeichnet den Schatz und nicht den Tresor *(coffre-fort)*, ach ja und *le bureau* ist neben dem Büro auch der Schreibtisch.

Nach Hause telefonieren?
Wussten Sie, dass die regionale Vorwahl auch innerhalb des jeweiligen Ortes mitgewählt werden muss, und zwar sowohl vom Festnetz ins Festnetz als auch vom Handy ins Festnetz? Die Ländervorwahl nach Frankreich lautet 0033, die Belgiens 0032. Die darauffolgende 0 der Orts- oder Handynummer darf bei Gesprächen aus dem Ausland nicht gewählt werden.

Allo !
Franzosen melden sich in der Regel am Telefon mit *allo !* und nicht mit ihrem Nachnamen. Also bloß nicht gleich auflegen, weil Sie dachten, dass Sie sich verwählt haben ...

BORDEAUX & LE SUD-OUEST – AN DER SILBERKÜSTE

À ne pas manquer ! – Sehenswertes
Als Ausgangspunkt für eine Reise in den Südwesten Frankreichs bietet sich *Bordeaux* an mit seiner schicken *rue Sainte-Catherine*, den *Quais*, der *esplanade des Quinconces* und der eleganten *place de la Bourse*. Wer Abkühlung im Atlantik sucht, der sollte sich ins etwa 50 km entfernte Seebad *Arcachon* mit seiner Strandpromenade und dem Austernfischerhafen begeben. Dort verspürt man noch den Charme des ausgehenden 19. Jahrhunderts. Von *Arcachon* aus er strecken sich die Sandstrände der *Côte d'Argent* (Silberküste) über 100 km bis *Biarritz*.

Bon appétit ! – Regionale Spezialitäten
Wer denkt bei *Bordeaux* nicht gleich an Wein? Und in der Tat sind die hier gewonnenen Tropfen Weltklasse! Doch auch gastronomisch kann sich der Südwesten Frankreichs sehen lassen, so liebt man hier edle Kreationen mit Fischen aus der *Gironde* – Europas größte Flussmündung – wie *lamproie* (Neunauge, meist in Rotwein gegart) oder *alose* (Alse, häufig gegrillt), aber natürlich auch jede Menge Austern. Doch man mag auch Deftiges wie *agneau de Pauillac* (Lamm in Thymian), oder die *foie gras* (Stopfleber) aus dem *Périgord*. Käseliebhaber werden für den *Brebis* genannten Schafskäse aus den Pyrenäen so manch anderen Käse stehen lassen und als Digestif sollte man auf keinen Fall das regionale *eau-de-vie de poire Williams* (Schnaps aus der Williamsbirne) oder den Weinbrand *Armagnac* verpassen.

Les bons tuyaux – Geheimtipps
Sie sind auf der Suche nach dem ultimativen Weitblick? Probieren Sie's doch mal vom Leuchtturm des unter Surfern beliebten Städtchen *Biarritz* aus, denn hier oben auf den Klippen der *Pointe Saint-Martin* lässt sich an klaren Tagen sogar die spanische Küste erkennen. Wer es hingegen noch einsamer mag, der wird auf einer Tour durch das beeindruckende Bergland rund um *Pau* sicher nicht enttäuscht.

Lektion 9

BANK & POST

Am Geldautomaten
Die EC-Karte kann auch in Frankreich und Belgien an jedem Automaten zum Abheben von Bargeld eingesetzt werden. Die Gebühren für das Abheben mit der Kreditkarte sind oft höher. Kreditkarten werden in den meisten Restaurants und Geschäften sowie an allen Tankstellen akzeptiert.

Auf der Post
Im Zeitalter von SMS und E-Mails und WhatsApp mögen Postkarten altmodisch wirken, doch so manch Zuhausegebliebener freut sich sicher noch über einen kleinen postalischen Gruß. Mit der Versandart namens *poste prioritaire* kommen Lieferungen in die EU innerhalb von drei Tagen an. Die gelben Briefkästen haben meist einen eigenen Schlitz für Stadtpost und Sendungen an andere Orte. Briefmarken erhält man auf Postämtern *(bureau de poste)* und in Tabakläden (*bureau de tabac* oder *bar-tabac* genannt), die man an den roten Schildern mit weißer Aufschrift erkennt.

Wussten Sie?
Wer sich für die Entwicklung der Post in Frankreich interessiert, der sollte dem *L'Adresse Musée de La Poste* in Paris einen Besuch abstatten. Mehr Informationen finden sich unter www.ladressemuseedelaposte.fr

NORMANDIE – DIE SANFTE IM NORDEN

À ne pas manquer ! – Sehenswertes
Durch ihre Nähe zu *Paris* und zur englischen Küste entwickelte sich die *Normandie* bereits Anfang des 19. Jahrhunderts zu einem beliebten Reiseziel des Adels und der Bourgeoisie und bis heute haben Seebäder wie *Dieppe*, *Trouville-sur-Mer*, *Villers-sur-Mer* oder das berühmte *Deauville* ihr *Belle-Époque*-Flair bewahrt. Doch ein Besuch der *Normandie* ohne einen Abstecher zum legendären *Mont-Saint-Michel* wäre unvollständig, denn der im Watt gelegene Klosterberg ist wahrhaftig ein Erlebnis der besonderen Art. Wer die Gezeiten spüren will, der sollte die bis zu 110 m hohen Kreidefelsen zwischen *Le Havre* und *Étretat* bewandern, deren gewaltiges Panorama bereits den Impressionisten *Claude Monet* inspirierte.

Bon appétit ! – Regionale Spezialitäten
Wer in Frankreich an die *Normandie* denkt, dem fallen unweigerlich die drei C's ein: *Camembert* (der weltberühmte Weißschimmelkäse), *Cidre* (der spritzige Apfelsekt) und *Calvados* (der aus Äpfeln gefertigte Branntwein). Aber auch die *andouille de Vire* genannte Gekrösewurst, die *tripes à la mode de Caen* (über mehrere Stunden gegarte Kutteln) oder die zahlreichen Hummerspezialitäten – z. B. *homard au Calvados* (Hummer in Calvados) – sind probierenswert. Süße Zungen mögen Gefallen an den Apfeldesserts – immerhin wachsen in der Normandie an die 10 Millionen Apfelbäume – wie *tarte Tatin* (gestürzter Apfelkuchen) oder *aumônières de pommes au Calvados* (Apfeltaschen mit Calvados) finden.

Les bons tuyaux – Geheimtipps
Nicht nur Pferdeliebhaber wird das Nationalgestüt für edle Pferderassen wie das *Percheron* faszinieren. Das barocke Schloss *Haras du Pin* befindet sich westlich von *Argentan*. Und wo galoppiert das Leben heute?

Nun, statten Sie mal der hippen Hafenstadt *Cherbourg* mit ihren lebendigen Kneipen einen Besuch ab. Und wer sich für Musik interessiert, der sollte auf keinen Fall das Festival auf der Insel *Tatihou* – bei Ebbe auf einer Wattwanderung zu erreichen – im August verpassen.

Lektion 10

UNTERWEGS IN FRANKREICH

Wussten Sie?
In Frankreich genießt der Radsport enorme Popularität und dies nicht nur im Sommer, wenn die *Tour de France*, das wohl berühmteste Radrennen der Welt, stattfindet. Viele Städte sind mittlerweile radfreundlich ausgebaut und es stehen auch Touristen Mieträder an Terminals zur Verfügung (z. B. www.velib-metropole.fr in Paris oder www.velov.grandlyon.com in Lyon).

Voies vertes
Seit einigen Jahren fördert die Regierung in Paris das umweltfreundliche Reisen und hat in diesem Geiste auch stillgelegte Bahntrassen zu Rad- und Wanderwegen ausgebaut. Mehr Infos erhält man im Internet unter www.voiesvertes.com und www.francevelotourisme.com.

Foot ou Rugby ?
Wie in vielen Ländern ist auch in Frankreich Fußball – *le foot(ball)* – ein beliebtes Gesprächsthema. Wer die französische Liga verfolgt, versteht dennoch die französischen Fans nicht immer, denn die gängigen Namen der Mannschaften sind umgangssprachlich oftmals anders. So heißt *Paris Saint-Germain* meist nur *PSG*, *Olympique de Marseille* ist *l'OM*, *Olympique Lyon* ist *l'OL* und der Fußballclub von *Auxerre* ist der *AJA (Association de la jeunesse auxerroise)*. Übrigens ist die Fußballbegeisterung im Norden und Osten des Landes am größten. Im Süden und Westen hingegen interessiert man sich für *rugby*. Bei diesem ursprünglich aus England stammenden, rauen Mannschaftssport versuchen zwei Mannschaften zu je 15 Spielern, den elliptischen Rugbyball am Gegner vorbeizutragen und so Punkte zu erzielen. Wahrhaftige Rugbyhochburgen sind die Städte *Biarritz*, *Clermont-Ferrand*, *Montpellier*, *Perpignan* und *Toulouse*.

CORSE – DIE WILDE INSEL

À ne pas manquer ! – Sehenswertes
Korsika hat bis heute seine eigenständige Kultur bewahrt. So spricht ein Teil der Bevölkerung Korsisch als Muttersprache und regionale Traditionen werden voller Stolz aufrechterhalten. Die Höhepunkte einer Reise durch die viertgrößte Mittelmeerinsel sind neben den klassischen Badeorten die Steilküste von *Bonifacio*, das Tal von *Prunelli* und die Kastanienwälder von *Bastelica*, eine Bergtour durch den Nationalpark *Parc naturel régional de Corse* (am besten von *Corté* aus) sowie die Aussicht über die Insel vom Gipfel des *Monte Renoso*.

Bon appétit ! – Regionale Spezialitäten
Auch kulinarisch ist *la Corse* eine Reise wert, findet man doch hier den Ziegenkäse *brocciu* (der nicht aus Milch, sondern aus Molke gewonnen wird und den man auch in zahlreichen Backwaren verarbeitet), die berühmten geräucherten Fleisch- und Wurstsorten wie *figarettu*, *lonzu* oder *prisuttu*, eigene Nudelkreationen wie *spaghetti à la boutargue* (Spaghetti mit Rogen der Meeräsche), *frascajoli* (Brot aus Kastanienmehl) oder deftige Fleischgerichte wie *fricassée de lapereau aux citrons* (Kaninchenfrikassee mit Zitronen). Neben den guten korsischen Weinen sollte man auch mal den *vinu chinatu* – ein chininhaltiges Getränk, das auch unter dem Namen *Cap Corse* bekannt ist – probieren. Und was empfehlen die Korsen als Digestif? Natürlich den *Cédratine* genannten Likör aus der Cedratzitrone.

Les bons tuyaux – Geheimtipps
Von *Bastia* kann man die etwa 40 km lange Landzunge *Cap Corse* mit ihrer malerischen Küste besuchen. Doch das Herz Korsikas schlägt im Landes inneren, z. B. im *Venachese* genannten Hochland, wo man noch Schaf- und Ziegenhirten sieht, oder in der Umgebung des Dörfchens *Evisa*. Wer es urbaner mag, der sollte am Nachmittag zu einem Streifzug durch die Altstadt *Ajaccios* aufbrechen und dann vom Hafen aus den Sonnenuntergang über den *Iles Sanguinaires* beobachten.

Lektion 11

EINKAUFEN IN FRANKREICH

Französische Mode
Wer denkt bei Frankreich nicht auch gleich an Mode? Kein Wunder, sind doch hier viele der ganz großen Couturiers unseres Planeten zu Hause. Natürlich hat das seinen Preis, doch billiger wird's besonders zum jeweiligen Saisonende, denn dann finden auch in den exklusiven Boutiquen *soldes* (Schlussverkauf) statt, die einem das Shoppen auch preislich versüßen.

Wussten Sie?
Auch in Frankreich legt man immer mehr Wert auf gesunde Lebensmittel. So findet die große Mehrheit der Franzosen, dass die Biolandwirtschaft ausgebaut werden sollte und Bio-Lebensmittel auch mehr kosten dürfen. Besonders interessant ist, dass die Franzosen sehr wählerisch bei der Herkunft der entsprechenden Produkte sind und es vorziehen, heimische Erzeugnisse, also solche aus der eigenen Region, zu kaufen. Die Delikatessengeschäfte und Supermärkte haben diesen Trend längst erkannt und bieten meist unter dem Oberbegriff *produits locaux* Weine, Fleischwaren, Brot, Gemüse usw. an, die nachweislich aus der näheren Umgebung kommen. Natürlich sind diese Waren auch als Fundgrube für originelle kulinarische Mitbringsel perfekt geeignet.

BOURGOGNE – GESCHICHTE HAUTNAH ERLEBT

À ne pas manquer ! – Sehenswertes
Die *Bourgogne* (Burgund) ist seit dem Mittelalter ein kulturelles und künstlerisches Zentrum, von dem z. B. die gewaltige Benediktinerabtei von *Cluny* oder das Kloster von *Cîteaux* noch heute zeugen. Besuchen Sie *Dijon*, die Hauptstadt der Region, in der architektonische Schätze wie der Palast der Herzöge von Burgund, die gotische Kathedrale *Notre-Dame* oder die Renaissance-Kirche *Saint-Michel* locken.

Bon appétit ! – Regionale Spezialitäten
Die *Bourgogne* kann zweifelsohne als Schlaraffenland bezeichnet werden. In erster Linie kennt man die Gegend aufgrund ihrer Weine wie dem roten *Pinot Noir* (Spätburgunder) und dem weißen *Chablis*, aber auch durch den *crème de Cassis* genannten schwarzen Johannisbeerlikör, den man mit Weißwein als *Kir* oder mit Champagner als *Kir royal* trinkt. Und zum Essen? Nun, die Küche Burgunds ist kreativ und innovativ zugleich, wie wär's mit *escargots en coquille* (Weinbergschnecken in Kräuterbutter) oder *rognons de veau au Chablis* (Kalbsnieren in Chablis)? Doch ganz oben auf der Beliebtheitsskala steht Rindfleisch – speziell das magere Fleisch des *Charolais*-Rindes. Man genießt es beispielsweise als *bœuf bourguignon* (Rinderschmorbraten) oder einfach als *steak frites* (Rindersteak mit Pommes frites), dem französischen Nationalgericht, zu dem übrigens hervorragend etwas *moutarde de Dijon* (Dijon-Senf) passt.

Les bons tuyaux – Geheimtipps
Nein, Burgund steht nicht ausschließlich für Kunst, Schlemmen und Wein. Auch ein Aktivurlaub ist hier möglich, z. B. auf einer Wanderung von *Paray-le-Monial* nach *Cluny* oder auf der *Grande Randonnée (GR)* 13 durch die Mittelgebirgslandschaft des *Morvan* von *Vézelay* nach *Autun*. Und wer die Wanderschuhe zuhause vergessen hat, der könnte das *Département Yonne* mit einer Fahrraddraisine auf Schienen erkunden, los geht's ab *Chigy*.

Lektion 12

GESUNDHEIT

Wussten Sie?

Krank im Urlaub? Lieber nicht, doch im Fall der Fälle gilt: Mit der Europäischen Krankenversicherungskarte (EHIC) können gesetzlich Krankenversicherte in allen Ländern der EU unmittelbar erforderliche medizinische Versorgung in Anspruch nehmen. Gegebenenfalls kann es von Vorteil sein, eine Auslandsreisekrankenversicherung abzuschließen, insbesondere hinsichtlich des Rücktransports im Krankheitsfall.

Wohin im Notfall?

Apotheken sind in Frankreich in der Regel zahlreich und leicht zu finden. Außerhalb der regulären Öffnungszeiten (meist Mo–Sa ca. 9.00 – 19 Uhr, einige schließen über Mittag) sind diensthabende Apotheken – *pharmacie de garde* – den Aushängen an den Apotheken zu entnehmen. In Notfällen begibt man sich am besten in die Notaufnahme *(urgences)* eines Krankenhauses *(hôpital)*. Die Nummer der Ambulanz *SAMU* lautet 15.

Und was haben Sie?

Wundern Sie sich nicht, wenn Sie in Frankreich beim Arzt im Wartezimmer sitzen und sich die anderen Patienten nach Ihren Leiden erkundigen. Franzosen ist es unangenehm, sich über längere Zeit schweigend gegenüberzusitzen. Ob also beim Arzt, in einem Zugabteil oder an der Bushaltestelle, man spricht miteinander. Eine tolle Gelegenheit, um weiterzulernen, finden Sie nicht?

GENÈVE & LA SUISSE ROMANDE – AB IN DIE BERGE!

À ne pas manquer ! – Sehenswertes

Genf wird gerne als „kleinste Metropole der Welt" bezeichnet und tatsächlich mischen sich in der am *lac Léman* – dem Genfer See – gelegenen Stadt kleinstädtisches und kosmopolitisches Flair auf eindrucksvolle Weise. Verpassen Sie auf keinen Fall die Altstadt, die über dem linken Seeufer thront und von der majestätischen Kathedrale *Saint-Pierre* dominiert wird. Es ist eine Wohltat, über die herrschaftliche *place du Bourg-de-Four* oder entlang der Seepromenade zu flanieren, von der aus man auch immer den *Jet d'eau* erkennt, eine Fontäne mit einem 140 Meter hohen Wasserstrahl.

Bon appétit ! – Regionale Spezialitäten

In der ganzen französischsprachigen Schweiz hat man viele kulinarische Traditionen bewahrt. So werden hier wie eh und je edle Räucherwaren in Form von Wurst (allen voran die mit Fenchel gewürzte *longeole)*, Speck und Schinken, aber auch weltberühmte Bergkäsesorten – wie der *tête-de-moine* oder der *vacherin mont-d'Or* – erzeugt. Zu den regionalen Gaumenfreuden zählen außerdem diverse Schokoladenkreationen wie *les poubelles genevoises*, *les pavés* oder die *marmites* genannten Gefäße aus Schokolade, die mit aus Marzipan geformtem Gemüse gefüllt und zum Stadtfest *L'Escalade* genascht werden. Und zum Trinken? Nun, das berühmteste regionale Getränk ist der sagenumwobene *Absinthe* – im Original aus Wermut, Anis und Fenchel gebrannt – sowie der *Damassine* genannte Pflaumenschnaps.

Les bons tuyaux – Geheimtipps

Für den ultimativen Weitblick über *Genève* und den *lac Léman* sollte man sich mit der Seilbahn auf den *Mont Salève* – bereits in Frankreich gelegen – begeben, denn von hier genießt man eine einzigartige Aussicht auf die Stadt und die Alpenkette. Oder wie wär's mit einer Minikreuzfahrt über den See, denn die gesamte Umgebung bietet grandiose Kulissen von prächtigen historischen Gebäuden, und das vor wundervollen Landschafts- und Bergpanoramen.

Lösungen, Hörtexte und Übersetzung der Dialoge

Lektion 1

Schon längst bekannt, nicht wahr?

1. – e., 2. – d., 3. – b., 4. – a., 5. – f., 6. – c.

Dialog A

■ Guten Tag/Morgen, Herr Dupont.
● Guten Tag/Morgen, Frau Durand.
■ Wie geht es Ihnen?
● Sehr gut, danke. Und Ihnen?
■ Mir geht es auch gut, danke. Darf ich Ihnen meinen Ehemann Jacques vorstellen?
▲ Sehr erfreut.
● Angenehm. Darf ich Ihnen meine Frau Gaëlle vorstellen?
◆ Angenehm.
■ Wir nehmen jetzt den Zug. Bis bald.
● Auf Wiedersehen und gute Reise.

■ **Bonjour**, Monsieur Dupont.
● Bonjour, Madame Durand.
■ **Comment allez-vous ?**
● Très bien, merci. Et vous ?
■ Je vais bien aussi, merci. Je vous présente mon mari Jacques.
▲ Très heureux.
● Enchanté. Je vous présente ma femme Gaëlle.
◆ **Enchantée.**
■ Maintenant, nous allons prendre le train. À bientôt.
● **Au revoir** et bon voyage.

Übungen A

2. 1. –a., 2. – b., 3. – b., 4. – a.

3. 1. Bonjour, Kai. Je vous présente mon ami.
2. Bonjour, Kai. Je vous présente mon amie.
3. Bonjour, Kai. Je vous présente mon mari.
4. Bonjour, Kai. Je vous présente ma femme.
5. Bonjour, Kai. Je vous présente mon fiancé.
6. Bonjour, Kai. Je vous présente ma fiancée.

4. 1. – f., 2. – d., 3. – a., 4. – b., 5. – e., 6. – c.

Dialog B

● Hallo, Sidonie, wie geht es dir?
■ Hallo, Philippe! Mir geht es gut. Und wie geht's dir?
● Nicht schlecht. Ich bin sehr müde.
■ Oh du Armer, das tut mir leid. Also, das ist Arthur, ein Freund von mir.
▲ Hallo, Arthur.
● Hallo, Philippe.
■ Und wer ist das? Ist das deine Freundin?
● Nein, sie ist nicht meine Freundin, sie ist meine Cousine. Sie heißt Camille.
■ Willkommen in Marseille, Camille.
◆ Danke!

Philippe geht es einigermaßen, er ist heute müde.

Übungen B

2. 1. Bienvenue à Paris. 2. Bienvenue à Marseille. 3. Bienvenue à Lyon. 4. Bienvenue à Nice. 5. Bienvenue à Lille. 6. Bienvenue à Genève.

3. 1. – b., 2. – b., 3. – a.

Hörtext:
● Salut, Robert. Comment ça va ?
■ Très bien, merci. Et toi, Julie, ça va ?
● Ça va, mais je suis très fatiguée.
■ Je suis désolé. Je te présente une amie, Sidonie.
● Enchantée. Salut, Sidonie.
▲ Salut, Julie.

4. Was passt zueinander?
1. – c., 2. – e., 3. – f, 4 – d., 5. – a., 6. – b.

Lektion 2

Nicht immer ganz leicht!

1. – e., 2. – c., 3. – f., 4. – g., 5. – d., 6. – b., 7. – a.

Dialog A

● Entschuldigen Sie, ist der Platz frei?
■ Ja, bitte sehr.
● Entschuldigung, aber Sie sind keine Französin?

- ■ Nein, nein, ich bin Deutsche. Aus Frankfurt. Und Sie, woher kommen Sie?
- ● Ich bin aus Lyon, aber ich wohne in Paris.
- ■ Was für eine schöne Stadt! Fahren Sie auch nach Marseille?
- ● Ja, für die Arbeit, ich bin Architekt. Und Sie, was machen Sie beruflich?
- ■ Ich bin Angestellte, ich arbeite bei einer Bank. Aber jetzt bin ich im Urlaub.
- ● Sind Sie alleine in Frankreich?
- ■ Nein, mein Mann kommt auch.
- ● Sie sind also verheiratet ...?
- ■ Ja, und ich habe auch zwei Kinder.

Die Frau ist Deutsche, sie kommt aus Frankfurt.

Übungen A

2. 1. Excusez-moi, vous êtes français ?
2. Non, je suis allemand. Mais j'habite à Nice.
3. Quelle belle ville ! Vous allez aussi à Marseille ?
4. Oui, je suis en vacances. 5. Ah ! Je suis aussi en vacances. 6. Alors, bon voyage.

3. 1. Excusez-moi, c'est libre ? 2. D'où êtes-vous ?
3. J'habite à ... 4. Qu'est-ce que vous faites ?
5. J'ai ... enfants.

4. 1. – c., 2. – b., 3. – d., 4. – a., 5. – f., 6. – e.

Dialog B

- ● Hallo, du bist Susanne, nicht wahr?
- ■ Ja ... und du, entschuldige, aber wie heißt du?
- ● Ich heiße Philippe, ich bin der Freund von Camille.
- ■ Ach ja ...
- ● Susanne ...du bist Deutsche?
- ■ Ja, ich komme aus Hamburg.
- ● Ah ... Wohnst du alleine hier?
- ■ Nein, mein Bruder wohnt auch hier.
- ● Ah, das ist gut. Ich habe leider keine Geschwister. Und warum bist du in Frankreich? Bist du Studentin?
- ■ Ja, ich studiere Französisch. Und du, was machst du?
- ● Ich arbeite in einem Computerladen.
- ■ Ah, das ist interessant! Also dann, bis bald ...
- ● Tschüss, bis bald!

Susanne ist Studentin, sie studiert Französisch.

Übungen B

2. 1. Comment vous appelez-vous ? 2. Tu viens de Genève ? 3. Ma sœur est mariée. 4. Je m'appelle Olivier. 5. Je travaille dans un bureau. 6. Vous êtes en France ?

3. 1. – a., 2. – b., 3. – b., 4. – b.

Hörtext:

- ● Bonjour, je m'appelle Jean. Je viens de Nice.
- ■ Bonjour, et moi, je m'appelle Anne. Je suis de Marseille. Et Susanne, mon amie.
- ▲ Bonjour, Jean.
- ● Bonjour, Susanne. Susanne, tu n'es pas française ?
- ▲ Non, je suis suisse.
- ● Ah, c'est intéressant ! Et tu habites en France ?
- ▲ Non, je suis en vacances ici.
- ● Alors, bonnes vacances en France !

4. 1. – c., 2. – e., 3. – a., 4. – b., 5. – d.

Lektion 3

Dialog A

- ● Entschuldigen Sie, wie viel Uhr ist es?
- ■ Es ist halb vier.
- ● Wissen Sie, wann wir in Dijon ankommen?
- ■ Aber dieser Zug fährt nicht nach Dijon!
- ● Wie bitte?
- ■ Nach Dijon müssen Sie in Lyon umsteigen und den Zug Richtung Straßburg nehmen. Lyon ist die nächste Station.
- ● Und wann kommen wir an?
- ■ Ich weiß es nicht ... Fragen wir den Schaffner.
- ▲ Ihre Fahrkarten, bitte!
- ● Bitte schön. Entschuldigen Sie, um wie viel Uhr kommen wir in Lyon an?
- ▲ Wir sind zehn Minuten verspätet, wir kommen gegen vier Uhr an. Der Zug nach Dijon fährt um Viertel nach vier auf Gleis zwölf ab.
- ● Ah, sehr gut. Vielen Dank.
- ▲ Bitte, gute Reise!

- ● Excusez-moi, quelle heure est-il ?
- ■ Il est trois heures et demie.
- ● Savez-vous à quelle heure nous arrivons à **Dijon** ?
- ■ Mais ce train ne va pas à Dijon !
- ● Comment ?

- Pour Dijon, vous devez changer à **Lyon** et prendre le train pour **Strasbourg**. Lyon est le prochain arrêt.
- Et quand arrivons-nous ?
- Je ne sais pas ... Demandons au contrôleur.
- ▲ Vos billets, s'il vous plait !
- Voilà. Excusez-moi, mais à quelle heure arrivons-nous à **Lyon** ?
- ▲ Nous avons dix minutes de retard, nous arrivons vers quatre heures. Le train pour **Dijon** part à quatre heures et quart de la voie douze.
- Ah très bien. Merci beaucoup.
- ▲ De rien, bon voyage !

Übungen A

2. 1. Nous avons dix minutes de retard.
2. À quelle heure arrivons-nous ?
3. Ce train ne va pas à Marseille.
4. Vous devez changer à Lyon.
5. Nous demandons au contrôleur.
6. Le train pour Dijon part à quatre heures.

3. 1. Neuf moins trois égalent six.
2. Sept plus deux égalent neuf.
3. Douze moins neuf égalent trois.
4. Huit plus trois égalent onze.
5. Cinq moins quatre égalent un.
6. Un plus six égalent sept.

4. 1. Il est trois heures et demie.
2. Il est sept heures et quart.
3. Il est cinq heures moins le quart.
4. Il est cinq heures. 5. Il est midi.
6. Il est une heure et demie.

Dialog B

- Entschuldigen Sie, wo ist die Touristeninformation?
- Hier, gegenüber, aber sie ist heute geschlossen. Sie können es am Place de la Gare versuchen.
- Ist das weit?
- Nein, nein, es ist in der Nähe. Sie können zu Fuß hingehen.
- Ich habe aber Koffer ...
- Dann können Sie den Bus nehmen. Nummer 12. Sie können die Fahrkarte dort kaufen, sehen Sie?
- Und wo ist die Haltestelle?
- Also, sie müssen den Platz überqueren und dann ...
- Nein, nein, entschuldigen Sie, das macht nichts. Ich nehme ein Taxi. Wo ist der Taxistand?
- Ah, er ist gegenüber, sehen Sie?
- Sehr gut. Danke und auf Wiedersehen.

Die Frau nimmt ein Taxi.

Übungen B

2. 1. Excusez-moi, l'office du tourisme est loin ?
2. Non, c'est à côté. Vous pouvez aller à pied.
3. Mais, j'ai des valises ... 4. Alors, vous pouvez prendre un taxi. 5. Très bien.

3. 1. – a., 2. – a., 3. – b.

Hörtext:

- Bonjour, Madame, excusez-moi, vous savez où se trouve l'office du tourisme ?
- Oui, mais à pied, c'est loin. Vous pouvez prendre l'autobus, le 30, l'arrêt est là, vous voyez ?
- Ah, très bien. Mais il est cinq heures et demie. C'est encore ouvert ?
- Oui, oui, c'est ouvert. Ne vous inquiétez pas !
- Bien, merci beaucoup.
- De rien.

4. 1. Pour aller là, vous devez prendre le tram.
2. Pour aller à la gare, vous devez prendre un taxi. 3. Pour aller là-haut, vous devez prendre le funiculaire. 4. Pour aller à Marseille, vous devez prendre l'autobus. 5. Pour aller à la Bastille, vous devez prendre le métro. 6. Pour aller à Lille, vous devez prendre le train.

Lektion 4

Die richtige Unterkunft gefunden?

1. Ferienanlage, 2. Ferienhaus auf dem Land,
3. Campingplatz, 4. Hotel, 5. Pension,
6. Jugendherberge

Dialog A

- Guten Abend, mein Herr, kann ich Ihnen helfen?
- Ja, ich suche ein Hotel hier in Lyon.
- Für wann?
- Für drei Nächte ab heute.
- Also vom 12. bis zum 15. Juli. Mit wie vielen Sternen?
- Drei.

- Möchten Sie ein Einzel- oder ein Doppelzimmer?
- Ein Doppelzimmer.
- Also ... Da ist das Hotel Victor Hugo. Das Doppelzimmer kostet 120 Euro pro Nacht.
- Hmm, das ist ein wenig teuer ...
- Ansonsten haben wir das Hotel Zur Post, für 80 Euro pro Nacht.
- Ist es im Zentrum?
- Ja, ja. Es ist in der Nähe vom Platz Bellecour.
- Perfekt! Können Sie mir bitte die Telefonnummer geben?
- Ja sicher: 04 78 25 21 15.

- Bonsoir, Monsieur, je peux vous aider ?
- Oui, je cherche un **hôtel** ici à Lyon.
- Pour quand ?
- À partir d'aujourd'hui pour trois nuits.
- Alors du 12 au 15 juillet. Avec combien d'étoiles ?
- Trois.
- Vous voulez une chambre individuelle ou une **chambre double** ?
- Une chambre double.
- Alors ... Vous avez l'hôtel Victor Hugo. La chambre double **coute** 120 euros la nuit.
- Mh, c'est un peu cher ...
- Autrement, vous avez l'hôtel de la Poste, à 80 euros **la nuit**.
- C'est au centre ?
- Oui, oui. C'est près de la place Bellecour.
- Parfait ! Vous pouvez me donner le numéro de téléphone ?
- Bien sûr : 04 78 25 21 15.

Übungen A

2. 1. les chambres 2. les jours 3. les nuits 4. les hôtels 5. les Français 6. les Allemandes 7. les réservations 8. les hôpitaux 9. les bureaux 10. les heures 11. les journaux 12. les euros

3. 1. Ça coute quatre-vingt-quinze euros la nuit.
2. Ça coute soixante-dix euros la nuit.
3. Ça coute quarante-neuf euros la nuit.
4. Ça coute quatre-vingt-quatre euros la nuit.
5. Ça coute trente-deux euros la nuit.
6. Ça coute cinquante et un euros la nuit.

4. 1. Je cherche un hôtel pour trois nuits.
2. Vous voulez une chambre individuelle ou double ? 3. Mais pour combien de nuits ?
4. L'hôtel n'est pas dans le centre ?
5. Vous pouvez me donner le numéro ?
6. Malheureusement, c'est un peu cher.

Dialog B

- Hallo, Hôtel du Centre, Guten Abend.
- Guten Abend, ich möchte gerne ein Doppelzimmer ab dem 15. August reservieren.
- Für wie viele Nächte?
- Drei, bis zum 18.
- Ich schaue mal ... Sehr gut, kein Problem. Auf welchen Namen?
- Dantec.
- Können Sie das buchstabieren, bitte?
- D wie Dominique, A wie Albert, N wie Noël, T wie Théophile, E wie Elisabeth, C wie Christophe.
- Dantec. Perfekt.
- Können Sie mir eine Bestätigung per E-Mail schicken? Meine Adresse ist dantec345@happymail.fr.
- Ja, natürlich.
- Vielen Dank. Auf Wiedersehen und bis Donnerstag.

Der Gast möchte das Zimmer für drei Nächte reservieren.

Übungen B

3. 1. Je voudrais réserver une chambre du 15 au 18 juin. 2. Je voudrais réserver une chambre du 9 au 11 décembre. 3. Je voudrais réserver une chambre du 17 au 20 avril. 4. Je voudrais réserver une chambre du 25 au 27 octobre.
5. Je voudrais réserver une chambre du 13 au 14 février. 6. Je voudrais réserver une chambre du 21 au 29 juillet.

4. 1. – a., 2. – b., 3. – a., 4. – a.

Hörtext:

- Hôtel Castex, bonsoir.
- Bonsoir, je cherche une chambre individuelle à partir du dix aout.
- Pour combien de nuits ?
- Quatre, jusqu'au quatorze aout.

- Pas de problème, c'est libre.
- Bien et combien coute la chambre ?
- Quatre-vingt-dix euros.
- Très bien, je la prends. Je m'appelle Leblond. Vous pouvez m'envoyer la confirmation par e-mail ?
- Oui, bien sûr.

Lektion 5

Luxus pur

Auf dem Foto zu finden sind: 1. Bett, 3. Schrank, 4. Tisch, 5. Fernseher, 7. Teppich, 8. Klimaanlage, 9. (Kopf-)Kissen, 10. Lampe

Dialog A

- Guten Abend, wir haben ein Zimmer reserviert.
- Guten Abend, Ihr Name, bitte?
- Jacques Dantec. Hier ist die Bestätigung.
- Haben Sie einen Ausweis?
- Natürlich, hier ist mein Personalausweis.
- Danke. Es ist für zwei Nächte, oder?
- Nein, nein, für drei Nächte! Wir reisen am Samstag ab.
- Genau. Hier ist Ihr Zimmerschlüssel, es ist Zimmer Nummer 25 im zweiten Stock.
- Danke.
- Der Aufzug ist links.
- Danke ... Entschuldigen Sie, ist das Frühstück im Preis inbegriffen?
- Ja, genau. Das Frühstück wird von 7 bis 10 Uhr im Speisesaal serviert.
- Perfekt. Danke, gute Nacht.
- Bitte sehr. Gute Nacht.

Die Gäste reisen am Samstag ab.

Übungen A

2. 1. – b., 2. – a., 3. – b., 4. – b.

3. 1. J'ai réservé une chambre individuelle. 2. J'ai réservé une chambre double avec petit déjeuner. 3. J'ai réservé une suite avec petit déjeuner. 4. J'ai réservé une chambre avec deux lits. 5. J'ai réservé une chambre double jusqu'à dimanche.

4. 1. Nous aimerions rester une nuit, nous repartons lundi. 2. Nous aimerions rester deux nuits, nous repartons mardi. 3. Nous aimerions rester trois nuits, nous repartons mercredi. 4. Nous aimerions rester quatre nuits, nous repartons jeudi. 5. Nous aimerions rester cinq nuits, nous repartons vendredi. 6. Nous aimerions rester six nuits, nous repartons samedi. 7. Nous aimerions rester sept nuits, nous repartons dimanche.

Dialog B

- Rezeption, guten Abend.
- Guten Abend, ich bin im Zimmer Nummer 25.
- Kann ich Ihnen helfen?
- Ja, entschuldigen Sie, aber mir gefällt das Zimmer nicht. Haben Sie ein größeres und ruhigeres Zimmer, das nicht zur Straße hin liegt?
- Es tut mir leid, aber das Hotel ist ausgebucht. Morgen wird aber ein Zimmer mit Meerblick frei.
- Sehr gut, aber es gibt noch ein anderes Problem.
- Ich höre.
- Die Dusche funktioniert nicht und es gibt kein heißes Wasser ... und das Fenster schließt nicht!
- Oh je! Kein Problem, ich schicke sofort jemanden.
- Vielen Dank. Könnte ich auch eine zusätzliche Decke haben, bitte?
- Aber natürlich. Einen schönen Abend.
- Schönen Abend.

- Réception, bonsoir.
- Bonsoir, je suis dans la chambre 25.
- Je peux vous aider ?
- Oui, excusez-moi, mais la chambre ne me plait pas. Avez-vous une chambre plus grande et plus calme qui ne donne pas sur la rue ?
- Je regrette mais l'hôtel est complet. Mais demain une chambre avec vue sur la mer se libère.
- Très bien, mais il y a un autre problème.
- Je vous écoute.
- La douche ne marche pas et il n'y a pas d'eau chaude ... et la fenêtre ne se ferme pas !
- Oh là là ! Pas de problème, j'envoie quelqu'un immédiatement.
- Merci beaucoup. Est-ce que je pourrais avoir encore une couverture, s'il vous plait ?
- Mais bien sûr. Bonne soirée.
- Bonne soirée.

Übungen B

2. 1. Le chauffage ne marche pas.
2. La chambre ne me plait pas.
3. Il n'y a pas de chambre plus calme.
4. La fenêtre ne se ferme pas.
5. Le lavabo n'est pas bouché.
6. La chambre ne donne pas sur la mer.

3. 1. – a. 2. – b., 3. – a.

Hörtext:
- ● Réception, bonsoir.
- ■ Allo, j'appelle de la chambre 36.
- ● Je vous écoute.
- ■ La chambre ne me plait pas, elle donne sur la rue. Vous avez une autre chambre ?
- ● Oui, demain matin se libère une chambre plus calme.
- ■ Ah bon. Et puis il y a un autre problème : la douche ne marche pas, il y a seulement l'eau froide et c'est bouché !
- ● Ne vous inquiétez pas, j'envoie quelqu'un immédiatement.

4. 1. – b., 2. – a., 3. – a.

Lektion 6

Trockene Kehlen

1. Bier, 2. Espresso, 3. Kaffee mit Milch/Sahne, 4. Milchkaffee, 5. Sprudelwasser, 6. Tee, 7. Weißwein, 8. Rotwein

Dialog A
- ● Guten Tag/Morgen, meine Damen und Herren.
- ■ Guten Tag/Morgen, ich hätte gerne ein Glas Rotwein und ein Baguette mit Schinken, bitte.
- ● Und für Sie?
- ▲ Für mich nur einen Espresso, bitte.

…
- ● Bitte sehr.
- ■ Danke. Entschuldigen Sie, was kann man hier abends Interessantes unternehmen?
- ● Also, es gibt nette Restaurants, Diskotheken …
- ■ Ja, aber wir würden lieber einen ruhigen Abend verbringen. Gibt es ein Kino oder ein Theater?
- ● Ja, es gibt das Cinemá Royal auf der Straße Victor Hugo. Aber diese Woche ist auch das Trüffelfest.
- ▲ Was ist das?
- ● Es ist ein Fest, das den Trüffeln gewidmet ist. Sie können (dort) verschiedene traditionelle Rezepte probieren, und dann gibt es Konzerte, Vorstellungen …
- ■ Na ja, ich weiß nicht.
- ▲ Doch, lass uns hingehen! Ich mag traditionelle Feste. Und ich liebe Trüffel.

- ● Bonjour, Messieurs-dames.
- ■ Bonjour, je voudrais un verre de **vin rouge** et un sandwich au jambon, s'il vous plait.
- ● Et pour vous ?
- ▲ Pour moi, seulement un **petit café**, s'il vous plait.

…
- ● Voilà.
- ■ Merci. Excusez-moi, mais qu'est-ce qu'on peut faire d'intéressant ici le soir ?
- ● Bien, il y a des **restaurants** sympas, des discothèques …
- ■ Oui, mais nous préférons passer une soirée tranquille. Est-ce qu'il y a un cinéma ou un théâtre ?
- ● Oui, oui, il y a le cinéma Royal dans la rue Victor Hugo. Mais cette semaine, c'est **la fête** de la truffe.
- ▲ Qu'est-ce que c'est ?
- ● C'est une fête dédiée à la truffe. Vous pouvez déguster diverses recettes traditionnelles, et puis il y a des concerts, des spectacles …
- ■ Bon, je ne sais pas.
- ▲ Si, on y va ! J'aime les fêtes traditionnelles. Et **j'aime** les truffes !

Übungen A

2. 1. Bonjour, je voudrais un café/un thé.
2. Et pour moi une bière/un verre de vin rouge.
3. Merci. Excusez-moi, qu'est-ce qu'on peut faire d'intéressant ici la nuit ? 4. Il y a beaucoup de bars/restaurants et il y a aussi des discothèques/des théâtres. 5. Savez-vous s'il y a une fête traditionnelle ? 6. Oui, bien sûr ! Il y a la fête de la truffe/de la musique.

3. 1. Cette semaine, il y a la fête de la Saint-Jean.
2. Cette semaine, il y a le festival du cinéma italien. 3. Cette semaine, il y a la foire automobile. 4. Cette semaine, il y a le salon du chocolat.
5. Cette semaine, il y a le festival de musique classique. 6. Cette semaine, il y a la fête du vin.

4. 1. Je voudrais ... 2. Qu'est-ce que tu prends ? / Qu'est-ce que vous prenez ? 3. Qu'est-ce qu'on peut faire (ici) le soir ? 4. Est-ce qu'il y a un cinéma ou un théâtre ? 5. J'aime ... 6. Je préfère passer une soirée tranquille.

Dialog B

- ■ Entschuldigung, wissen Sie, wo das Trüffelfest ist?
- ● Ja, auf dem Marktplatz.
- ■ Ist das weit zu Fuß?
- ● Nein, nein, es ist ganz in der Nähe, nur 10 Minuten entfernt. Also ... Sie gehen immer geradeaus bis zur Ampel und biegen dann nach links ab, Sie überqueren die Brücke und dann biegen Sie die zweite rechts ab, und da ist der Marktplatz.
- ■ Also, immer geradeaus bis zur Ampel, danach nach links, wir überqueren die Brücke, und die erste rechts...
- ● Nein, nein, die zweite rechts!
- ■ Ah ja, wir biegen an der zweiten Straße rechts ab und schon sind wir da.
- ● Genau!
- ■ Vielen Dank und einen schönen Abend noch.
- ● Ihnen auch einen schönen Abend. Und guten Appetit!

Bis zum Trüffel-Fest sind es 10 Minuten zu Fuß.

Übungen B

2. 1. Où se trouve la place Saint-Jacques ? 2. Elle se trouve au centre. 3. C'est loin d'ici ? 4. Vous allez tout droit jusqu'au feu rouge. 5. Et puis, au carrefour vous tournez à gauche.

3. 1. – a., 2. – a., 3. – b.

Hörtext:

- ● Bonjour, Monsieur.
- ■ Bonjour. Je voudrais un café crème, s'il vous plait.
- ● Voilà.
- ■ Excusez-moi, savez-vous où se trouve le cinéma Rex ?
- ● Ah, c'est le cinéma à côté du musée d'Art moderne.
- ■ Et c'est loin à pied ?
- ● Non, pour y arriver, on va tout droit et on tourne à droite rue du Temple, c'est là.
- ■ Merci beaucoup.
- ● De rien.

4. 1. – e, 2. – c, 3. – f, 4. – a, 5. – d, 6. – b

Test 1

1. 1. – c., 2. – b., 3. – a., 4. – b., 5. – c., 6. – a.

2. 1. – f., 2. – g., 3. – e., 4. – d., 5. – c., 6. – a., 7. – h., 8. – b.

3. Mögliche Dialoge

1. Sie treffen Ihren Bekannten Herrn Dupont.

- ■ Bonsoir, Monsieur Dupont. Comment allez-vous ? / Comment ça va ?
- ● Très bien. Et vous ?
- ■ Je vais bien aussi. Je vous présente ma femme/ ma cousine/ma collègue.
- ● Enchanté(e). Au revoir et à bientôt/et bon voyage !

2. Sie halten einen Plausch mit einem/einer Fremden.

- ■ Excusez-moi, mais vous n'êtes pas belge/ français(e) ?
- ● Non, je suis allemand(e)/suisse, de Berlin/ Cologne/Bâle. Et vous ?
- ■ Je suis de Bruxelles/Paris. Et qu'est-ce que vous faites ?
- ● Je suis architecte/médecin/secrétaire. Et quelle est votre profession ?

3. Sie rufen bei einem Hotel zwecks Zimmerreservierung an.

- ■ Allo, Hôtel de la Poste/Belleville, bonjour.
- ● Bonjour, je voudrais réserver une chambre double/individuelle pour deux/trois/quatre nuits.
- ■ Bien sûr ! À quel nom ?
- ● Je m'appelle Maier/Schmidt. Vous pouvez m'envoyer une confirmation par e-mail ?

4. Sie sitzen im Zug und erkundigen sich beim Schaffner.

- ■ Excusez-moi, à quelle heure nous arrivons à Lyon/Nice/Toulouse ?
- ● Nous avons cinq/dix/vingt minutes de retard, nous arrivons vers trois heures et quart/ quatre heures moins le quart.
- ■ Et à quelle heure part le train pour Bordeaux/ Lille/Rennes ?
- ● Il part à quatre heures/cinq heures et demie, sur le quai quinze/dix-huit.

5. Ihre Freundin Jacqueline läuft Ihnen zufällig über den Weg.
■ Salut, Jacqueline, comment vas-tu/ça va ?
● Ça va. / Pas mal. Je te présente mon ami Jörg/ ma copine Beate.
■ Enchanté(e). Tu es suisse ?
▲ Enchanté(e). Oui, je suis suisse. / Non, je suis belge.
■ Ah, c'est bien, alors à la prochaine !

6. Sie erkundigen sich an der Hotelrezeption.
■ Bonjour/Excusez-moi. Qu'est-ce qu'on peut faire d'intéressant ici le soir ?
● Il y a des bars/des discothèques et vous pouvez aussi aller au théâtre/au cinéma.
■ Nous préférons passer une soirée tranquille/ déguster des recettes traditionnelles. Savez-vous s'il y a un restaurant/une fête/ un concert ?
● Oui bien sûr, il y a une brasserie traditionnelle/ la fête des truffes/le spectacle de la musique sur la place Kléber/de la Révolution.

4. 1. Quelle heure est-il ? 2. De rien. 3. Pas de problème ! 4. À la prochaine ! 5. Je cherche un hôtel. 6. Je voudrais un café crème. 7. Bonne soirée ! 8. Où est l'office du tourisme, s'il vous plait ?

Lektion 7

Und was ist Ihr Leibgericht?

1. Fischsuppe, 2. Quiche mit Speck, Eiern, Sahne und geriebenem Käse, 3. mit Karamell überzogene Dessertcreme, 4. Pfannkuchen, 5. Camembert, 6. Baguette, 7. Apfelsekt, 8. Schokoladenmousse, 9. Croissant, 10. Rotwein aus der Region um Lyon

Dialog A

■ Guten Abend, haben Sie einen freien Tisch für zwei Personen?
● Ja, natürlich. Ist es hier in Ordnung?
■ Sehr gut, danke.
...
● Hier ist die Speisekarte.
■ Danke, wir hätten gerne etwas Typisches, was empfehlen Sie uns denn?
● Als Vorspeise haben wir eine Roquefort-Tarte oder einen Ziegenkäsesalat.
▲ Ist in der Roquefort-Tarte Fleisch? Ich bin Vegetarierin.
● Ja, sie enthält Schinken.
▲ Dann nehme ich nur den Ziegenkäsesalat.
■ Für mich die Roquefort-Tarte, bitte.
● Gut, und als Hauptgang?
■ Hühnchen in Sahnesauce.
● Und als Getränk?
■ Eine Karaffe Rotwein, vom Hauswein ...

■ Bonsoir, vous avez une table libre pour deux personnes ?
● Oui, bien sûr, ici, ça va ?
■ Très bien, merci.
...
● Voilà le **menu**.
■ Merci, nous aimerions quelque chose de typique, qu'est-ce que vous nous conseillez ?
● Comme entrée, nous avons une tarte au Roquefort ou une **salade** au fromage de chèvre.
▲ Est-ce qu'il y a de la viande dans la **tarte** au Roquefort ? C'est que je suis végétarienne.
● Oui, Madame, du jambon. Alors je prends seulement la salade au fromage de chèvre.
■ Pour moi, la tarte au Roquefort, s'il vous plait.
● Bien. Et **comme plat ?**
■ Un poulet à la crème.
● Et comme boisson ?
■ Une **carafe** de vin rouge de la maison ...

Übungen A

2. 1. – b., 2. – a., 3. – b.

3. 1. – c., 2. – e., 3. – d., 4. – a., 5. – b.

4. 1. – d., 2. – e., 3. – a., 4. – c., 5. – b.

Dialog B

● Bitte sehr, hier ist die hausgemachte Bauernpastete!
■ Entschuldigen Sie, aber das ist nicht das, was wir bestellt haben ...
● Sie haben recht! Ich bringe es Ihnen sofort.
■ Danke. Und können Sie uns bitte ein bisschen Brot bringen?
● Natürlich.
...
▲ Also, wie ist die Roquefort-Tarte?
■ Sehr gut, aber ein wenig schwer. Und der Ziegenkäsesalat?
▲ Köstlich! Das Restaurant gefällt mir wirklich sehr, es ist (schön) ruhig, traditionell ...

- ■ Schön. Nimmst du einen Nachtisch, einen Kaffee?
- ▲ Nein, ich bin fertig.
- ■ Also, dann zahlen wir?
- ▲ Ja.
- ■ Die Rechnung, bitte.

Die Gäste nehmen kein Dessert, sie möchten zahlen.

Übungen B

2. 1. – b., 2. – a., 3. – d., 4. – c.

3. 1. – a., 2. – a., 3. – b., 4. – b.

Hörtext:

- ● Bonsoir, Monsieur.
- ■ Bonsoir, une table pour une personne, s'il vous plait.
- ● Ça va, ici ?
- ■ Très bien. Qu'est-ce que vous me conseillez ?
- ● Comme entrée, une soupe aux légumes.
- ■ Parfait.
- ● Puis comme plat principal, nous avons du bœuf en sauce.
- ■ Ah non, merci, je suis végétarien. Je prends seulement une ratatouille.
- ● Bien. Et comme boisson ?
- ■ Un verre de vin, s'il vous plait.
- ● Blanc ou rouge ?
- ■ Rouge, s'il vous plait.

4. 1. Et comment est la salade ? 2. Bon, mais un peu lourd. 3. Tu prends encore un dessert ? 4. Non merci, je prends seulement un café. 5. L'addition, s'il vous plait !

Lektion 8

E-Mails auf Französisch!

1. – d., 2. – b., 3. – f., 4. – c., 5. – a., 6. – e.

Dialog A

- ● Guten Tag, ich habe eine Frage. Gibt es im Zimmer WLAN?
- ■ Guten Tag. Ja, natürlich. Und es ist kostenlos.
- ● Sehr gut. Können Sie mir bitte das Passwort geben?
- ■ Natürlich. Hier, bitte. Sie haben im ganzen Hotel kostenlosen Internetzugang.

...

- ● Entschuldigung, das WLAN funktioniert nicht.
- ■ Oh, normalerweise ist das kein Problem. Sind Sie sicher, dass Sie das Passwort richtig eingegeben haben? Vielleicht können Sie es nochmals versuchen. Es ist wichtig, alles in Kleinbuchstaben zu schreiben.
- ● Ja, so habe ich es gemacht. Und ab und zu funktioniert da WLAN, ab und zu nicht. Das Problem ist, dass die Verbindung sehr schwach ist.
- ■ Ah, das tut mir leid. Ich werde jemanden schicken, der den Hotspot überprüft. Und währenddessen können Sie den Computer in der Lobby benutzen, in Ordnung?
- ● Sehr gut. Vielen Dank.

- ● Bonjour, j'ai une question. Est-ce qu'il y a le wifi dans la chambre ?
- ■ Bonjour, Monsieur. Oui, bien sûr. Et c'est gratuit.
- ● Très bien. Vous pouvez me donner le mot de passe, s'il vous plait ?
- ■ Bien sûr. Voilà. Vous avez un accès **gratuit** à Internet dans tout l'hôtel.

...

- ● Excusez-moi mais le wifi ne fonctionne pas. Vous pouvez m'aider ?
- ■ Oh, normalement, il n'y a pas de **problème**. Vous êtes sûr d'avoir entré le **mot de passe** correctement ? Vous pouvez peut-être réessayer. C'est important d'utiliser seulement les lettres minuscules.
- ● Oui, c'est ce que j'ai fait. Parfois le wifi fonctionne et parfois pas. Le problème c'est que la **connexion** est très faible.
- ■ Oh, désolé. Je vais envoyer quelqu'un pour vérifi er le hotspot. Et en attendant, vous pouvez utiliser l'ordinateur dans le hall, d'accord ?
- ● Oui, très bien. Merci beaucoup.

Übungen A

2. 1. Bonjour, j'ai une question. Il y a le wifi dans la chambre ? 2. Bien sûr, Monsieur. 3. Combien ça coute ? 4. Rien, c'est gratuit. 5. Vous pouvez me donner le mot de passe ? 6. Vous n'avez pas besoin de mot de passe.

3. 1. Il y a le wifi dans la chambre ? 2. Le wifi, c'est gratuit ? 3. Vous pouvez me donner le mot de passe ? 4. Le wifi ne fonctionne pas. 5. La connexion est très faible.

4. 1. Paul ne peut pas utiliser l'ordinateur.
   2. Tu peux me donner mon portable ?
   3. Vous pouvez utiliser ma tablette.
   4. Nous ne pouvons pas entrer le mot de passe correctement.
   5. Je peux t'envoyer un texto ?
   6. Ils ne peuvent pas m'aider.

Dialog B

- Hallo Pierre, hörst du mich?
- Ja, ich höre dich, aber ich sehe dich nicht. Du musst die Webcam einschalten.
- Was muss ich tun?
- Du musst die Webcam einschalten. Klicke auf das Webcam-Symbol. Genau, so ist es besser. Schön, dich wiederzusehen. Wie geht es dir? Claire? Vielleicht ist bei dir das Mikrofon ausgeschaltet.
- Oh, entschuldige. Ich habe den falschen Button gedrückt ...kt
- Claire, ich höre ein Echo. Ich mache das Programm zu und wir versuchen es noch einmal. Kann ich dich zurückrufen?
- Ja, klar.

...

- Hallo. Jetzt ist es besser. Ich sehe dich endlich gut.
- Aber ich sehe dich nicht, der Bildschirm ist schwarz.
- Oh, nein. Warte einen Moment, ist es so besser?
- Ja, ja, jetzt ist es sehr gut.
- Gut, können wir jetzt anfangen?
- Ja, klar, beginnen wir gleich ...

Übungen B

2. 1. – d., 2. – e., 3. – a., 4. – b., 5. – c.

3. 1. – b., 2. – a., 3. – a.

Hörtext:

- Allo, Marie, tu me vois ?
- Non, Luc, je t'entends, mais je ne te vois pas. Tu dois allumer la webcam.
- Oh, désolé. J'ai appuyé sur le mauvais bouton.
- C'est mieux maintenant. Je te vois bien.
- Mais je ne te vois pas, l'écran est noir.
- Oh, non. Attends une seconde ... C'est mieux ?
- Oui, oui, maintenant c'est bien.

4. 1. Je dois te rappeler ?
   2. Qu'est-ce que je dois faire ?
   3. Clique sur l'icône de la webcam.
   4. C'est mieux maintenant.
   5. On peut commencer maintenant ?

Lektion 9

Herzliche Urlaubsgrüße

1. Foto oben links – Grenoble,
2. Foto rechts – Colmar,
3. Foto unten – La Rochelle

Dialog A

Führen Sie die Karte ein ...
Tippen Sie Ihren PIN-Code ein und drücken Sie auf „Bestätigen".
Verbindungsproblem ... Führen Sie die Karte ein ...

- Wie bitte?

Führen Sie die Karte ein ...

- Aber sie ist ja schon drin ... He, meine Karte!

Führen Sie die Karte ein ...

- Guten Tag/Morgen, um was ...
- Der Geldautomat ist blockiert und gibt mir die Karte nicht zurück!
- Vielleicht haben Sie die falsche Geheimzahl eingegeben.
- Nein, nein, die Geheimzahl ist richtig! Ich bin mir sicher. Was muss ich machen, um meine Karte zurückzubekommen?
- Keine Sorge, wir schicken sie in ein paar Tagen an Ihre Bank zurück.
- Wie bitte? In ein paar Tagen?! Könnte ich es nicht sofort haben? Ich muss das Hotel bezahlen, und wie komme ich ohne Geld aus?
- Also, Ihre Bank muss uns eine E-Mail mit der Genehmigung schicken. Es ist leider so. So sind die Regeln.
- Okay. Wie ist Ihre Mail-Adresse?

Introduisez la carte ...
Tapez le code et appuyez sur « valider »
Problème de liaison ... Introduisez la carte ...
K Hein ?
Introduisez la carte ...
K Mais elle est déjà introduite ... Hé, ma carte !
Introduisez la carte ...

B Bonjour, Madame, dites-moi ...
K Le distributeur s'est bloqué et il ne me rend pas la carte !
B Vous avez peut-être fait le mauvais code.
K Non, non, le code est juste ! J'en suis sûre. Qu'est-ce que je dois faire pour récupérer ma carte ?
B Ne vous inquiétez pas, nous la renvoyons à votre banque dans quelques jours.
K Comment ? Dans quelques jours ?! Est-ce que je ne pourrais pas l'avoir tout de suite ? Je dois payer l'hôtel, et puis comment je fais sans argent ?
B Bon, alors votre banque doit nous envoyer un mail avec l'autorisation. C'est malheureusement comme ça. Ce sont nos règles.
K Ok. Quelle est votre adresse mail ?

Übungen A

2. 1. Je dois payer l'hôtel.
2. Vous devez envoyer un mail.
3. Le code est juste !
4. Je suis sûre.
5. Ne vous inquiétez pas !
6. Le distributeur s'est bloqué.

3. 1. bloqué 2. payé 3. introduit 4. installé 5. parti 6. attendu

4. 1. Vingt plus quatorze égalent trente-quatre.
2. Trente-quatre moins trente-deux égalent deux.
3. Deux plus dix-sept égalent dix-neuf.
4. Dix-neuf plus cinquante-cinq égalent soixante-quatorze.
5. Soixante-quatorze moins quarante-deux égalent trente-deux.
6. Trente-deux moins dix-neuf égalent treize.
7. Treize plus trente-six égalent quarante-neuf.
8. Quarante-neuf moins dix égalent trente-neuf.
9. Trente-neuf moins quartorze égalent vingt-cinq.
10. Vingt-cinq plus trente égalent cinquante-cinq.
11. Cinquante-cinq moinsneuf égalent quarante-six.
12. Quarante-six plus vingt-six égalent soixante-douze.

Dialog B

● Guten Tag/Morgen, ich nehme diese Postkarte und eine Briefmarke. Und diese Zeitung, bitte.
■ Das macht sechs Euro fünfzig.
● Ah, und ich würde gerne ein Paket schicken.
■ Leider ist das hier nicht möglich. Für Pakete müssen Sie zur Post gehen, das ist hier nebenan, gleich rechts.
● In Ordnung, danke. Auf Wiedersehen ...

...

▲ Der Nächste, bitte!
● Guten Tag/Morgen ... Ich würde gerne dieses Paket nach Deutschland schicken.
▲ Eingeschrieben oder normal?
● Wie bitte? Ich habe Sie nicht verstanden ...
▲ Möchten Sie es mit normaler oder eingeschriebener Post versenden?
● Ah ja, jetzt verstehe ich. Normal ist gut, danke.
▲ Dann macht das sieben Euro.

Die Kundin entscheidet sich für den normalen Versand.

Übungen B

2. 1. Bonjour, je prends cette carte postale.
2. Voilà. 3. J'ai aussi besoin d'un timbre.
4. Un timbre pour la France ? 5. Non, pour l'Allemagne. 6. Alors, ça fait un euro vingt-sept.

3. 1. – b., 2. – a., 3. – a., 4. – b.

Hörtext:

● Bonjour, Madame, je vous écoute.
■ Bonjour, je voudrais envoyer ce petit paquet.
● Recommandé ou normal ?
■ Normal, s'il vous plait. J'ai aussi besoin d'un timbre pour une carte postale.
● C'est tout ?
■ Oui, merci. Ça fait combien ?
● Voilà. Ça fait six euros cinquante.

4. 1. Je voudrais envoyer ce paquet en Allemagne.
2. Je voudrais envoyer cette carte postale en Autriche.
3. Je voudrais envoyer cette lettre en Suisse.
4. Je voudrais envoyer ces paquets en France.
5. Je voudrais envoyer ces cartes postales en Italie.
6. Je voudrais envoyer ce petit paquet en Belgique.

Lektion 10

Das liebe Wetter!

1. Es ist sonnig. – Foto oben rechts, 2. Es ist kalt. – Foto unten links, 3. Es ist neblig. – Foto unten rechts, 4. Es regnet. – Foto unten Mitte, 5. Es ist windig. – Foto oben links

Dialog A

- Guten Tag/Morgen, eine Fahrkarte, bitte.
- Das macht einen Euro siebzig.
- Entschuldigung, was kostet ein Tagesticket? Und eine Wochenkarte?
- Also, ein Tagesticket kostet neun Euro fünfundsiebzig und eine Wochenkarte neunundzwanzig Euro achtzig.
- Dann nehme ich ein Tagesticket. Wie komme ich von hier zum Flughafen?
- Von hier aus nehmen Sie einen Bus, die Linie 21. Sie steigen an der Haltestelle Glacière aus, und dann nehmen Sie die U-Bahn Richtung Étoile bis Denfert-Rochereau. Und von dort nehmen Sie den Pendelbus, den Orlybus, bis zur Endstation.
- Sehr gut, danke.
- Aber heute am Donnerstag gibt es einen Streik, passen Sie auf!
- Oh nein, ausgerechnet Donnerstag! Und was soll ich tun?
- Na, Sie müssen ein Taxi nehmen ...

Zum Flughafen fährt die Buslinie 21.

Übungen A

2. 1. Comment je fais pour aller à l'aéroport ?
2. Comment je fais pour aller au port ?
3. Comment je fais pour aller au parc municipal ?
4. Comment je fais pour aller à la pension ?
5. Comment je fais pour aller à la place de la Bastille ? 6. Comment je fais pour aller à mon hôtel ?

3. 1. – b., 2. – d., 3. – e., 4. – a., 5. – c.

4. 1. Combien coute un billet pour la journée ?
2. Je voudrais un abonnement mensuel.
3. Vous allez jusqu'à l'arrêt place de la République. 4. Il y a grève, vous devez prendre un taxi. 5. Au sixième arrêt vous descendez à l'Opéra. 6. Alors, quelle ligne je dois prendre ?

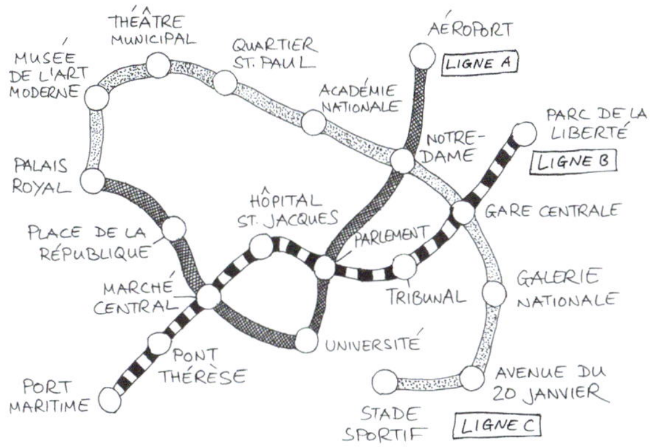

Dialog B

- Sind Sie frei?
- Ja, ja, natürlich. Geben Sie mir die Koffer ... Wo fahren Sie denn hin?
- Zum Flughafen, nach Orly, bitte.
- Sie reisen schon ab? Paris gefällt Ihnen nicht?
- Doch, sogar sehr ... Und das Wetter ist sonnig, es ist warm ... Ich muss wegen der Arbeit nach Hause.
- Ah ja, Sie haben recht, das Wetter ist schön. Aber nächste Woche soll es regnen! Sie reisen zur rechten Zeit ab ... Aber woher kommen Sie?
- Ich bin Deutscher.
- Ah, verstehe. Na ja, zumindest ist dieses Jahr Bayern München in Form, oder? Mögen Sie Fußball? Für welche Mannschaft sind Sie denn?
- Also, eigentlich ...
- Also ich, ich bin ein PSG-Fan, wissen Sie ... für mich ist Paris Saint-Germain einfach alles ...

- Vous êtes libre ?
- Oui, oui, bien sûr. Mais donnez-moi les valises ... Où est-ce que vous allez ?
- À l'aéroport, à Orly, s'il vous plait.
- Vous partez déjà ? Paris ne vous plait pas ?
- Si si, beaucoup ... Et puis, **il fait soleil,** il fait chaud ... Je dois rentrer pour travailler.
- Ah oui, vous avez raison, **il fait beau,** mais la semaine prochaine, **il pleut** ! Vous partez au bon moment ... Mais d'où venez vous ?
- Je suis allemand.
- Ah, j'ai compris. D'accord, enfi n au moins cette année, le Bayern de Munich est en forme, pas vrai ? Vous aimez le foot ? Pour quelle équipe vous êtes ?
- Mais, en fait ...

- Eh, moi, je suis un supporter du PSG, vous savez … pour moi le Paris Saint-Germain, c'est tout …

Übungen B

2. 1. – b., 2. – e., 3. – a., 4. – f., 5. – d., 6. – c.

3. 1. – a., 2. – b., 3. – b., 4. – a.

Hörtext:

- Bonsoir, excusez-moi, vous êtes libre ?
- Oui, bien sûr. Où est-ce que vous allez ?
- À l'aéroport, s'il vous plait. Oh là, là, quelle pluie !
- Vous partez déjà, Lyon ne vous plait pas ?
- Si, si, ça me plait beaucoup, mais je dois rentrer pour travailler en Allemagne.
- En Allemagne ! Stuttgart est super ! Moi, j'aime le football, je suis pour Auxerre. Et vous, vous êtes pour quelle équipe ?
- Oh moi, en fait, je n'ai pas d'équipe préférée.
- Ah bon.

4. 1. Il fait chaud aujourd'hui. 2. Il fait beau et il fait soleil. 3. Il fait froid et il neige. 4. C'est nuageux et il y a du vent. 5. Il pleut la semaine prochaine.

Lektion 11

Bringen Sie Farbe in Ihr Französisch!

1. Weiß, 2. Gelb, 3. Blau, 4. Schwarz, 5. Grün, 6. Rot

Dialog A

- Guten Tag/Morgen. Wer ist dran?
- Ich. Ich hätte gerne ein Kilo Tomaten, bitte.
- Bitte schön. Und außerdem?
- Paprikas und einen Salat, bitte.
- Welche Paprikas möchten Sie? Rote oder gelbe?
- Rote. Ich nehme fünf (Stück) … Haben Sie auch Käse?
- Natürlich. Was (für Käse) möchten Sie denn?
- Vielleicht Comté …
- Dann ein schönes Stück Comté … Ist es/das recht so?
- Etwas mehr … ja, so ist es gut.
- Bitte schön. Noch etwas?
- Das ist alles, danke. Wie viel macht das?
- Es macht 15 Euro.

- Bonjour. À qui le tour ?
- À moi. Je voudrais un kilo de tomates, s'il vous plait.
- Voilà. Et avec ça ?
- Des poivrons et une salade, s'il vous plait.
- Quels poivrons voulez-vous ? Rouges ou jaunes ?
- Rouges. J'en prends cinq … Vous avez aussi du fromage ?
- Bien sûr. Qu'est-ce que vous voulez ?
- Peut-être du Comté …
- Alors un beau morceau de Comté … Ça va comme ça ?
- Un peu plus … oui, c'est bien comme ça.
- Voilà. Et avec ça ?
- C'est tout, merci. Ça fait combien ?
- Ça fait 15 euros.

Übungen A

2. 1. – b., 2. – a., 3. – b.

3. 1. Je voudrais un kilo de pommes de terre.
2. Je voudrais 400 grammes de jambon.
3. Je voudrais une livre d'oranges.
4. Je voudrais deux kilos de tomates.
5. Je voudrais trois kilos de pommes.
6. Je voudrais 200 grammes de fromage.

4. 1. – d., 2. – e., 3. – f., 4. – c., 5. – a., 6. – b.

Dialog B

- Guten Tag/Morgen, kann ich Ihnen helfen?
- Ja, ich möchte die Jacke aus dem Schaufenster sehen.
- Die grüne mit den Blumen?
- Ja, genau. Haben Sie sie in Größe 46?
- Natürlich, einen Moment … Bitte schön, Sie können sie in der Umkleidekabine dort anprobieren.

…

- Nun, wie steht sie Ihnen?
- Hmm, sie scheint mir etwas eng zu sein … Haben Sie sie vielleicht eine Nummer größer?
- Leider nicht! Aber meiner Meinung nach ist die Jacke perfekt so … Sie steht Ihnen sehr gut.
- Wirklich? Also gut, dann nehme ich sie. Und ich hätte auch gerne ein paar elegante Schuhe mit Absatz.
- Welche Schuhgröße haben Sie?
- Ich habe 37 … Außerdem würde ich gerne eine Tasche, einen Gürtel, ein … anschauen.

Die Kundin möchte die Jacke aus dem Schaufenster anprobieren.

Übungen B

2. 1. Je voudrais voir ce pull.
2. Comment vous va cet imperméable ?
3. Ces chaussures ne meplaisent pas.
4. Avez-vous cette chemise aussi en rouge ?
5. Ces jeans sont trop étroits.

3. 1. – b., 2. – a., 3. – b., 4. – b.

Hörtext:
- ● Bonjour, Madame, je peux vous aider ?
- ■ Bonjour, je voudrais voir la veste de la vitrine.
- ● Cette veste-là, la rouge ?
- ■ Non, non, la verte.
- ● Bien, quelle taille vous faites ?
- ■ Du 46.
- ● Voilà, vous voulez l'essayer ? La cabine est là.
- ■ Merci.
- ● ... Ça vous va ?
- ■ Oui, mais c'est un peu large, un peu trop long, mais elle est belle ...

4. 1. – b., 2. – a., 3. – a.

Lektion 12

Wo drückt's denn?

1. – g., 2. – e., 3. – c., 4. – a., 5. – f., 6. – b., 7. – d., 8. – h.

Dialog A
- ● Guten Tag/Morgen, was möchten Sie?
- ■ Guten Tag/Morgen. Ich hätte gerne Aspirin®, bitte ... Und etwas gegen Übelkeit.
- ● Ja, natürlich ... Aber welche Symptome haben Sie denn genau?
- ■ Mir dreht sich der Kopf, mir ist übel. Und ich glaube ich habe ein wenig Fieber.
- ● Haben Sie etwas Ungewöhnliches gegessen?
- ■ Nein, nein, nur ein Steak mit Pommes und ein Glas Wein. Danach blieb ich den ganzen Nachmittag am Strand in der Sonne ... Also, nichts Besonderes.
- ● Ah, Sie haben sicher einen Sonnenstich. Ich gebe Ihnen dieses Medikament: Nehmen Sie es bitte dreimal täglich. Und vor allem müssen Sie viel Wasser trinken und sich ausruhen. Und ich empfehle Ihnen, für ein paar Tagen die Sonne zu meiden und keinen Alkohol zu trinken!

Die Apothekerin meint, es sei ein Sonnenstich.

Übungen A

2. 1. Bonjour, je voudrais de l'aspirine®.
2. Voilà, mais quels symptômes vous avez ?
3. J'ai mal à la tête.
4. Je pense que j'ai un peu de fièvre.
5. Alors, je vous donne ce médicament.
6. Vous le prenez trois fois par jour.

3. 1. J'ai mal à la tête. 2. J'ai mal au bras.
3. J'ai mal au dos. 4. J'ai mal au genou.
5. J'ai mal au pied. 6. J'ai mal à la cheville.

4. 1. J'ai la tête qui tourne.
2. Quels symptômes vous avez (exactement) ?
3. Vous devez vous reposer.
4. Vous avez mangé quelque chose de spécial ?
5. Vous avez attrapé un coup de soleil.

Dialog B
- ▲ Guten Tag/Morgen, der Arzt wird Sie gleich empfangen.
- ■ Danke. Nur eine Frage: Gilt meine Deutsche Krankenversicherung auch in Frankreich?
- ▲ Natürlich! Ah, der Arzt ist jetzt frei. Bitte schön ...

...
- ■ Guten Tag/Morgen, Herr Doktor.
- ● Guten Tag/Morgen, nehmen Sie bitte Platz. Ich höre Ihnen zu.
- ■ Also, gestern habe ich eine Bergwanderung gemacht ... Und ich weiß auch nicht, heute tut mein Knöchel weh, er ist geschwollen und ich kann nicht mehr laufen.
- ● Schauen wir uns das mal an. Legen Sie sich hin. Wo tut es Ihnen weh? Hier?
- ■ Autsch, autsch! Ja, genau da. Ist er gebrochen?
- ● Nein, nein, ich glaube nicht. Wir werden ein Röntgenbild machen, um das zu überprüfen, aber es ist sicher nichts Schlimmes.
- ■ Hoffentlich! Wissen Sie, ich bin extra nach Frankreich gekommen, um in der Region Ardèche zu wandern.
- ● Es ist wahrscheinlich eine Verstauchung. Ich verschreibe Ihnen eine Salbe und ein Schmerzmittel ...

▲ Bonjour, Madame, le docteur va vous recevoir tout de suite.
■ Merci. Seulement une question : est-ce que mon assurance-maladie allemande est aussi valable en France ?
▲ Bien sûr ! Ah, voilà, le **docteur** est libre. Je vous en prie ...

...

■ Bonjour, docteur.
● Bonjour, asseyez-vous, s'il vous plait. Je vous écoute.
■ Voilà, hier je suis allée faire une randonnée en montagne ... Mais je ne sais pas, aujourd'hui, **j'ai mal** à la cheville, elle est toute gonflée et je ne peux plus marcher.
● Regardons. Allongez-vous. Où avez-vous mal ? Ici ?
■ Aïe, aïe ! Oui, exactement là. C'est **cassé** ?
● Non, non, je ne pense pas. Nous allons faire une radiographie pour contrôler, mais c'est sûr, ce n'est pas **grave.**
■ Espérons ! Vous savez, je suis venue exprès en France pour faire une randonnée en Ardèche.
● C'est probablement une foulure. Je vous **prescris** une pommade et un antidouleur ...

Übungen B

2. 1. – a., 2. – a., 3. – b.

Hörtext:

● Bonjour, Monsieur, vous désirez ?
■ Bonjour, je ne me sens pas bien. Vous pouvez me donner quelque chose ?
● Oui, bien sûr, mais quels symptômes vous avez exactement ?
■ Je me sens très mal. J'ai mal à la tête et j'ai des nausées.
● Vous avez mangé quelque chose de spécial ?
■ Eh bien, hier je suis allé au restaurant et j'ai mangé des moules-frites.
● Alors, c'est probablement une indigestion. Je vais vous donner un médicament. Vous devez le prendre deux fois par jour et manger légèrement.

3. 1. Je suis venu/venue pour randonner en Ardèche.
2. Tu as installé Skype™ ?
3. Il a appelé ce numéro, mais ça ne marche pas.
4. Vous êtes allé/allée/allés/allées à Paris pour combien de jours ?
5. Nous avons introduit la carte VISA.
6. Ils ont bloqué votre carte de crédit.

4. 1. – b., 2. – d., 3. – e., 4. – c., 5. – a.

Test 2

1. 1. – b., 2. – a., 3. – c., 4. – a., 5. – c., 6. – b.

2. 1. – e., 2. – b., 3. – h., 4. – a., 5. – d., 6. – g., 7. – f., 8. – c.

3. Mögliche Dialoge:

1. Sie sind in einem Restaurant und haben Hunger.
■ Voilà le menu. Qu'est-ce que vous prenez ?
● Je voudrais une salade au roquefort/une soupe à l'oignon. Est-ce qu'il y a de la viande dans la salade/la terrine/le cassoulet ?
■ Oui./Non. Vous prenez aussi un dessert ? Nous avons une mousse au chocolat/une tarte aux pommes.
● Ah oui, je veux bien./Non merci. Quel vin me conseillez-vous ? Je préfère du vin blanc/rouge.

2. Sie möchten nach dem WLAN fragen.
■ Bonjour, il ya le wifi ici ?
● Bien sûr, et il est gratuit.
■ Et vous pouvez me donner le mot de passe, s'il vous plait ?
● Voilà. Vous avez un accés gratuit ici.

3. *Sie sind auf der Bank wegen eines Problems mit Ihrer Kreditkarte.*
- ■ Bonjour, dites-moi. Je peux vous aider ?
- ● J'ai un problème avec ma carte bancaire/carte de crédit. Le distributeur s'est bloqué et il ne me la rend pas !
- ■ Bon, alors votre banque doit nous envoyer un e-mail.
- ● D'accord/Ok. Quel est votre adresse e-mail ?

4. *Sie erkundigen sich nach der besten Verbindung zum Flughafen.*
- ■ Bonjour/Excusez-moi, comment je fais pour aller à l'aéroport d'ici ?
- ● D'ici, vous prenez le bus/le métro/la navette. Vous descendez à l'arrêt Étoile/à la Gare du Nord, puis vous prenez la ligne 4/le bus en direction La Défense/Porte de la Chapelle jusqu'à Belleville/Denfert-Rochereau/Oberkampf.
- ■ Et je descends où ?
- ● Vous descendez au terminus/place de la Concorde.

5. *Sie kaufen Obst und Gemüse auf einem Markt ein.*
- ■ Bonjour, à qui le tour ?
- ● Bonjour, à moi. Je voudrais un kilo de pèches/pommes/tomates et aussi des poivrons/du raisin/une salade, s'il vous plait.
- ■ Ça va comme ça ? Voilà. Et avec ça ?
- ● C'est tout, merci. Ça fait combien ?

6. *Sie haben Beschwerden und suchen eine Apotheke auf.*
- ■ Quels symptômes vous avez ?
- ● J'ai de la fièvre/la diarrhée/un rhume et j'ai mal à la gorge/à la tête/au ventre.
- ■ Ah, vous avez certainement la grippe/une allergie/un rhume. Vous avez bu/mangé quelque chose de spécial aujourd'hui ?
- ● Non, mais j'ai attrapé un coup de soleil/je suis resté(e) au soleil toute l'après-midi.

4. 1. (Est-ce que) vous pouvez m'aider ? 2. Bon appétit ! 3. Vous voulez autre chose ? 4. C'est facile ! 5. L'addition, s'il vous plait. 6. Comment ça s'est passé ? 7. Vous avez raison. 8. C'est épicé ?

Alphabetischer Wortschatz Französisch – Deutsch

Die Zahl verweist auf die Lektion, in der das Wort zum ersten Mal erscheint. Das Geschlecht der Hauptwörter ist mit *m.* für männlich und *w.* für weiblich angegeben, *Ez.* bedeutet Einzahl und *Mz.* Mehrzahl. Die weibliche Endung der Eigenschaftswörter, Nationalitäts- und Berufsbezeichnungen ist jeweils nach dem Schrägstrich angegeben. Wo diese Angabe fehlt, ist die weibliche Form mit der männlichen identisch. ~ = Eintrag

A

à nach, zu, in, um, bis 1
à partir de ab (*zeitlich*) 4
à point medium (*Steak*) 7
abonnement *m.* Abonnement, Dauerkarte, Zeitkarte 10
académie *w.* Akademie 10
accès *m.* Zugang 8
accord *m.* Abkommen, Übereinstimmung 9
accusé de réception *m.* Empfangsbestätigung 9
acheter kaufen 3
addition *w.* Rechnung (*Restaurant*) 6
adresse *w.* Adresse 4
aéroport *m.* Flughafen 10
âge *m.* Alter 2
agriculture *w.* Landwirtschaft 11
aider helfen 4
aïe ! au! 12
aimer lieben, mögen 4
Aix-la-Chapelle Aachen 2
alcool *m.* Alkohol 12
Allemagne *w.* Deutschland 2
allemand *m.* Deutsch (*Sprache*) 2
allemand/e *m./w.* deutsch; Deutscher/e 2
aller (Comment ça vousva ?) gehen, fahren; stehen (*Kleidung*) (Wie geht es Ihnen?) 1
allergie *w.* Allergie 12
allergique *m./w.* allergisch 7
allo !? Hallo!? (*v. a. am Telefon*) 4
allumer einschalten, anschalten 8
allumettes *w./Mz.* Streichhölzer 9
alors also, na, dann 1
Alsace *w.* Elsass 10
ami *m.* Freund 1
amical/e *m./w.* freundschaftlich 9
amie *m.* Freundin 1
an *m.* Jahr 2
anglais *m.* Englisch (*Sprache*) 2
anglais/e *m./w.* englisch; Engländer/in 2
Angleterre *w.* England 2
annuler abbrechen 9
antidouleur *m.* Schmerzmittel 12
aout *m.* August 4
apéritif (*kurz:* apéro) *m.* Aperitif 6
appareil *m.* Apparat 4
appartement *m.* Wohnung 4
appeler (an)rufen 1
appétit *m.* Appetit 1
apporter bringen 7
appuyer drücken 8
après nach (*zeitlich*) 4
après-midi *m./w.* Nachmittag 12
architecte *m./w.* Architekt/in 2
argent *m.* Geld, Silber 9
armoire *w.* Schrank 5
arobase *m.* at-Zeichen (@) 4
arrêt *m.* Haltestelle 3
arrivée *w.* Ankunft 5
arriver ankommen 3
arroser (be)gießen 6
ascenseur *m.* Fahrstuhl 5
aspirine® *w.* Aspirin® 12
association *w.* Verein, Vereinigung 10
assurance *w.* (assurance-maladie) Versicherung (Krankenversicherung) 2
attendre warten 4
attente *w.* (das) Warten 3
Attention ! Achtung!, Vorsicht! 10
attraper (sich) holen, sich zuziehen (*Krankheit*) 12
au moins wenigstens 10
Au revoir ! Auf Wiedersehen! 1
auberge *w.* Herberge 4
aujourd'hui heute 3
aussi auch 1
autobus *m.* Bus 3
autorisation *w.* Genehmigung 9
autre andere/r 5
autrement andrerseits, außerdem 4
Autriche *w.* Österreich 2
autrichien/ne *m./w.* österreichisch; Österreicher/in 2
auxerrois/e *m./w.* aus Auxerre (*Stadt in Burgund*) 10
avant vor (*zeitlich*) 4
avec mit 4
avis *m.* (à mon ~) Meinung (meiner Meinung nach) 11
avocat/e *m./w.* Anwalt/Anwältin 1
avoir haben 2
avoir mal à ... Schmerzen haben in/an, wehtun 12
avril *m.* April 4

B

baguette *w.* Baguette (*Stangenweißbrot*) 7
baignoire *w.* Badewanne 5
baiser *m.* Kuss 9
Bâle Basel 2
bancaire *m./w.* (carte ~) Bank- (EC-Karte) 9

banque *w.* Bank 2
bar *m.* Bar, Kneipe 4
bar-tabac *m.* Tabakladen 9
bas/se *m./w.* niedrig 4
Bastille *w.* Bastille 3
batterie *m.* Akku; Autobatterie; Schlagzeug 8
beau/bel *m.*, belle *w.* (il fait beau) schön (es ist schönes Wetter) 2
beaucoup viel 3
beaujolais *m.* Beaujolais (*Rotwein aus der Gegend nördlich von Lyon*) 7
belge *m./w.* belgisch; Belgier/in 2
Belgique *w.* Belgien 2
besoin *m.* (avoir ~ de) Bedürfnis (etwas brauchen) 8
bien (Tu es ~ Jean ?) gut (*Umstandswort*) (Du bist doch Jean?) 1
bien sûr natürlich, selbstverständlich 4
bientôt bald 1
Bienvenue ! Willkommen! 1
bière *w.* Bier 6
billet *m.* Fahrkarte, Ticket 3
bise *w.* (faire la ~) Küsschen (sich auf die Wange küssen) 1
bistro(t) *m.* Kneipe, Lokal 6
blanc/blanche *m./w.* weiß 6
bleu/e *m./w.* blau 10
bloquer blockieren 9
bœuf *m.* Ochse, Rind, Rindfleisch 7
bœuf bourguignon *m.* Rinderschmorbraten 7
boire trinken 7
boisson *w.* Getränk 6
boite *w.* Dose 11
bol *m.* Schale 6
bon/ne *m./w.* gut (*Eigenschaftswort*) 1
Bonjour ! Guten Morgen!, Guten Tag! 1
Bonsoir ! Guten Abend! 1
bouché/e *m./w.* verstopft 5
boucher *m.* Metzger 11
boucherie *w.* Metzgerei 11
bouillabaisse *w.* Fischsuppe 7
boulanger *m.* Bäcker 11
boulangerie *w.* Bäckerei 11
bourguignon/ne *m./w.* burgundisch; Burgunder/in 7
bouteille *w.* Flasche 7
bouton *m.* Knopf, Button 8
bras *m.* Arm 12
brasserie *w.* Gasthaus, Wirtshaus 7
briquet *m.* Feuerzeug 9
brouillard *m.* Nebel 10
brulé/e *m./w.* verbrannt 7
bruler verbrennen 12
bureau *m.* Büro, Schreibtisch 2
bus *m.* Bus 3

C

ça (~ va) das, es (es geht) 1
cabine *w.* (~ d'essayage) Kabine (Umkleidekabine) 11
café *m.* Kaffee 6
calmant *m.* Beruhigungsmittel 12
calme *m./w.* ruhig 5
Camembert *m.* Weißschimmelkäse (aus der Normandie) 7
campagne *w.* Land (*im Gegensatz zur Stadt*) 7
camper campen 5
camping *m.* Camping, Campingplatz 4
Canada *m.* Kanada 2
canadien/ne *m./w.* kanadisch; Kanadier/in 2
carafe *w.* Karaffe 7
caravane *w.* Wohnwagen 5
carrefour *m.* Kreuzung 6
carte *w.* Karte, Speisekarte 5
carte postale *w.* Postkarte 9
cassé/e *m./w.* gebrochen 12
casser brechen 12
cassoulet *m.* Fleisch-Gemüse-Eintopf 7
ce/cet *m.* dieser 1
ceinture *w.* Gürtel 11
cendrier *m.* Aschenbecher 5
cent (ein)hundert 4
central/e *m./w.* zentral 10
centre *m.* (~ commercial) Zentrum (Einkaufszentrum) 4
certainement bestimmt, sicher 12
ces *m./w./Mz.* diese 9
cette *w.* diese 3
chaise *w.* Stuhl 5
chaleur *w.* Hitze, Wärme 10
chambre *w.* Zimmer 4
champignon *m.* Pilz (*allgemein*) 7
champignon *m.* de Paris Champignon 7
chance *w.* Glück 1
changer (um)wechseln, umsteigen 3
charcuterie *w.* Wurstgeschäft 11
charcutier *m.* Wurstmetzger 11
charme *m.* (hôtel de ~) Charme („Romantikhotel") 4
château *m.* Schloss 5
chaud/e *m./w.* (il fait chaud) heiß, warm (es ist heiß) 5
chauffage *m.* Heizung 5
chauffeur *m.* (~ de taxi) Fahrer (Taxifahrer) 10
chaussettes *w./Mz.* Socken 11
chaussures *w./Mz.* Schuhe 11
chef *m.* Chef 7
chemin *m.* Weg 3
chemise *w.* Hemd 11
cher/chère *m./w.* teuer, liebe/r 4
chercher suchen 3
cheville *w.* (Fuß-)Knöchel 12
chèvre *w.* Ziege 7
chicorée *w.* Endivie(nsalat) 7
chien *m.* Hund 12
chocolat *m.* Schokolade 7
choisir (aus)wählen 12
chose *w.* Sache 7
cidre *m.* Cidre (*spritziger Apfelsekt*) 7
ciel *m.* Himmel 11
cigare *m.* Zigarre 9
cigarette *w.* Zigarette 9
cinéma *m.* Kino 6
cinq fünf 3
cinquante fünfzig 4
cinquième *m./w.* fünfte/r 5
cintre *m.* Kleiderbügel 5

classique *m./w.* klassisch 6
clé *w.* (~ USB) Schlüssel (USB-Stick) 5, 8
cliquer klicken 8
climatisation *w.* Klimaanlage 5
code *m.* (~ IBAN) Code (IBAN-Code) 8, 9
coffre-fort *m.* Tresor, Safe 8
collègue *m./w.* Kollege/Kollegin 1
Cologne Köln 2
combien (de) ? wie viel/e? 4
commander bestellen 7
comme als, wie 1
commencer beginnen, anfangen 8
comment ? wie? 1
commerçant/e *m./w.* Händler/in 2
commercial/e *m./w.* Handels- 8
compagne *w.* Lebensgefährtin 1
compagnon *m.* Lebensgefährte 1
complet/complète *m./w.* *hier:* belegt 5
composter entwerten 3
comprendre verstehen 4
compris/e *m./w.* inbegriffen, verstanden 5
compte *m.* Konto 9
Comté *m.* Comté (*Rohmilchkäse aus der Franche-Comté*) 11
concert *m.* Konzert 6
confirmation *w.* Bestätigung 4
confirmer bestätigen 9
confiture *w.* Konfitüre, Marmelade 7
connaissance *w.* (faire ~) Kenntnis (sich kennenlernen) 2
connecter verbinden 8
connexion *w.* Verbindung 8
conseiller empfehlen 7
contact *m.* Kontakt 1
contre gegen 12
contrôler kontrollieren 12
contrôleur *m.* Schaffner 3
copain *m.* Freund 1
copier kopieren 8
copine *w.* Freundin 1
cordial/e *m./w.* herzlich 4
corriger korrigieren 9
côté *m.* (à ~) Seite (in der Nähe, nebenan) 3
côtelette *w.* Kotelett 7
couler fließen 5
couleur *w.* Farbe 8
coup *m.* (~ de soleil) Schlag, Stoß (Sonnenbrand) 11
course *w.* (faire les courses) Laufen, Wettrennen (einkaufen) 11
court/e *m./w.* kurz 11
couteau *m.* Messer 7
couter kosten 4
couverture *w.* Decke 5
cravate *w.* Krawatte 11
crédit *m.* (carte de ~) Kredit (Kreditkarte) 5
crème *w.* Sahne, Creme 6
crème brulée *w.* Dessertcreme aus Eigelb, die mit einer festen Karamellschicht überzogen ist 7
crêpe *w.* Pfannkuchen 7
crêpe Suzette *w.* dünner Pfannkuchen, der flambiert wird 7
croissant *m.* Croissant, Hörnchen 2
croque monsieur *m.* Schinken-Käse-Toast 6
crudités *w./Mz.* Rohkost 7
cuillère *w.* Löffel 7
cuire kochen, braten, backen 7
cuisine *w.* Küche 7
cuit/e *m./w.* gekocht, durch (*Fleisch*) 7
culture *w.* Kultur 8
cure-dents *m./Mz.* Zahnstocher 7

D

d'accord (être ~) einverstanden (einverstanden sein) 8
d'où ? woher?, von wo? 2
dame *w.* Dame 6
dans in 2
danser tanzen 6
date *w.* Datum 5
daurade *w.* Dorade, Goldbrasse 7
de aus, von 2
débit de tabac *m.* Tabakgeschäft 11
décembre *m.* Dezember 4
dédier widmen 6
déguster kosten, probieren (*Essen und Getränke*) 6
déjà schon 8
déjeuner *m.* Mittagessen 2
délicieux/délicieuse *m./w.* köstlich 7
demain morgen 5
demander fragen 3
demie *w.* halbe (Stunde) 3
demi-litre *m.* halber Liter 11
demi-pension *w.* Halbpension 4
dentiste *m./w.* Zahnarzt/-ärztin 12
dent *w.* Zahn 12
depuis (~ ici) seit, von (ab hier) 10
désactivé/e *m./w.* ausgeschaltet, deaktiviert 8
descendre aussteigen 3
désirer wünschen 12
désolé/e (être ~) untröstlich (leidtun) 1
dessert *m.* Nachtisch 7
destination *w.* Reiseziel 4
deux zwei 3
deuxième *m./w.* zweite/r 5
devant vor (*räumlich*) 6
devoir müssen, sollen 3
diarrhée *w.* Durchfall 12
dimanche *m.* Sonntag 2
dire sagen 3
direction *w.* Richtung 10
discothèque *w.* Diskothek 6
distributeur *m.* Geldautomat 9
divers/e *m./w.* verschieden 6
divorcé/e *m./w.* geschieden 2
dix zehn 3
dix-huit achtzehn 4
dixième *m./w.* zehnte/r 5
dix-neuf neunzehn 4
dix-sept siebzehn 4
docteur *m.* Doktor, Arzt 1
domicile *m.* Adresse, Wohnort 5
donc also, nun 4
donner geben; liegen 1, 5
donner la main sich die Hände schütteln 1

dormir schlafen 12
dos *m.* Rücken 12
double *m./w.* Doppel- 4
douche *w.* Dusche 5
douze zwölf 3
drap *m.* Bettlaken 5
droite *w.* (à ~) rechte Seite ([nach] rechts) 6

E

eau *w.* Wasser 5
eau gazeuse *w.* Sprudelwasser 7
eau plate *w.* stilles Wasser 7
échalote *w.* Schalotte(nzwiebel) 7
écharpe *w.* Schal 11
écho *m.* Echo 8
écouter (zu)hören 5
écouteurs *m./Mz.* Köpfhörer 8
écran *m.* Bildschirm 8
écrire schreiben 4
écrit/e *m./w.* geschrieben 8
égalent gleich (=) 3
église *w.* Kirche 6
élégant/e *m./w.* elegant 11
élevé/e *m./w.* hoch, erhöht 12
elle sie (*Ez.*) 1
élongation *w.* Zerrung 12
e-mail *m.* (adresse ~) E-Mail (E-Mail-Adresse) 4
empirer schlechter werden 10
employé/e *m./w.* Angestellter/e 2
en in, nach; davon 2
en attendant währenddessen 8
en fait eigentlich 10
enchanté/e *m./w.* angenehm, sehr erfreut 1
encore noch 5
endive *w.* Chicorée 7
endroit *m.* Ort, Lokal 6
enfant *m./w.* Kind 2
enfin endlich, schließlich 8
ensuite danach 12
entendre hören, verstehen 8
entrecôte *w.* Steak (*vom Zwischenrippenstück oder von der Hochrippe*) 7
entrée *w.* Vorspeise 7
entrepreneur/entrepreneuse *m./w.* Unternehmer/in 2
entrer eingeben; eintreten 8
entre-temps inzwischen, unterdessen 12
enveloppe *w.* Briefumschlag, Kuvert 9
envoyer schicken, (ver)senden 4, 9
épeler buchstabieren 4
épicé/e *m./w.* scharf (Geschmack) 7
épicerie *w.* Lebensmittelgeschäft 11
épicier *m.* Lebensmittelhändler 11
épouse *w.* Ehefrau 1
équipe *w.* Mannschaft 10
escalope *w.* Schnitzel 7
Espagne *w.* Spanien 2
espagnol *m.* Spanisch (*Sprache*) 2
espagnol/e *m./w.* spanisch; Spanier/in 2
espérer hoffen 9
essayer (an)probieren, versuchen 3
et und 1
étage *m.* Stockwerk 5
été *m.* Sommer 9
étoile *w.* Stern 4
être sein 1
étroit/e *m./w.* eng 11
étudiant/e *m./w.* Student/in 2
étudier studieren 2
euro *m.* Euro 4
exact/e *m./w.* exakt, genau 5
exactement exakt, genau (*Umstandswort*) 12
examen *m.* Prüfung, Untersuchung 12
excuser entschuldigen, verzeihen 2
Excusez-moi ! Entschuldigung!, Verzeihen Sie mir! 2
exprès absichtlich 12
express *m.* Espresso 6

F

face *w.* (en ~) Gesicht (gegenüber) 3
facile *m./w.* einfach, leicht 10
faible *m./w.* schwach 8
faire machen, tun; kosten; haben (*Kleider- oder Schuhgröße*) 2
falloir müssen, brauchen, notwendig sein 8
famille *w.* Familie 2
fatigué/e *m./w.* müde 1
fédération *w.* Vereinigung, Verein 3
femme *w.* Frau, Ehefrau 1
femme au foyer *w.* Hausfrau 2
fenêtre *w.* Fenster 5
fer *m.* (chemin de ~) Eisen (Eisenbahn) 3
fermé/e *m./w.* geschlossen 3
fermer schließen 5
fête *w.* Fest 6
feu *m.* (~ rouge) Feuer (Ampel) 6
feuilletée *m.* Blätterteiggebäck 7
feuilleton *m.* Fortsetzungsroman 8
février *m.* Februar 4
fiancé/e *m./w.* verlobt; Verlobter/e 1
fièvre *w.* Fieber 12
fille *w.* Tochter 2
fils *m.* Sohn 2
filtre *m.* Filter 6
fleur *w.* Blume 11
foire *w.* Volksfest, Messe 6
fois *w.* Mal 2
fonctionner funktionieren 8
fond *m.* (au ~) Hintergrund (hinten) 7
foot(ball) *m.* Fußball 10
forme *w.* (être en ~) Form (in Form sein) 10
fort/e *m./w.* stark, laut 4
foulard *m.* Kopftuch 11
foulure *w.* Verstauchung 12
fourchette *w.* Gabel 7
foyer *w.* Herd, Heim 2
frais/fraiche *m./w.* frisch 6

framboise *w.* Himbeere 7
français *m.* Französisch (*Sprache*) 1
français/e *m./w.* französisch; Franzose/Französin 1
France *w.* Frankreich 2
Francfort Frankfurt 2
frère *m.* Bruder 1
Fribourg Freiburg 2
frites *w./Mz.* Pommes frites 7
froid *m.* Kälte 10
froid/e *m./w.* kalt 5
fromage *m.* Käse 6
fruit *w.* Frucht 6
funiculaire *m.* Schienenseilbahn 3

G

galerie *w.* Galerie 10
gants *m./Mz.* Handschuhe 11
garde *w.* Aufsicht, Wache 12
garder behalten 10
gare *w.* Bahnhof, Station 3
gâteau *m.* Kuchen 11
gauche *w.* (à ~ / sur la ~) linke Seite ([nach] links / auf der linken Seite) 5
Genève Genf 2
genou *m.* Knie 12
gite *m.* Unterkunft, Lager 4
gonflé/e *m./w.* geschwollen 12
gorge *w.* Hals 12
gramme *m.* Gramm 11
grand/e *m./w.* groß 2
grand-mère *w.* Großmutter 2
grand-père *m.* Großvater 2
grands-parents *m./Mz.* Großeltern 2
gratuit/e *m./w.* kostenlos 8
grave *m./w.* schlimm 12
grève *w.* Streik 10
grillé/e *m./w.* gegrillt 7
grippe *w.* Grippe 12
gris/e *m./w.* grau 11
gros/se *m./w.* dick 9
guêpe *w.* Wespe 12
guichet *m.* Schalter, Fahrkartenschalter 9
guide *m./w.* (~ touristique) Führer/in (Reiseführer/in) 11

H

habiter wohnen 2
hall *m.* Lobby, Eingangshalle 8
Hambourg Hamburg 2
haut/e *m./w.* hoch 4
hebdomadaire *m./w.* Wochen- 10
Hein ? Wie (bitte)? 9
hélas leider 11
heure *w.* (à l'~) Stunde, Uhrzeit (pünktlich) 3
heureux/heureuse *m./w.* glücklich 1
hier gestern 5
hôpital *m.* Krankenhaus 4
hôte *m.* Gast 4
hôtel *m.* (~ de ville) Hotel (Rathaus) 2
hotspot *m.* Hotspot 8
huile *w.* Öl 7
huit acht 3
huitième *m./w.* achte/r 5

I

ici hier(her) 2
icône *w.* Icon, Symbol 8
identité *w.* (carte d' ~) Identität (Personalausweis) 5
il (~ y a) er (es gibt) 1
il faut man muss, man braucht, es ist notwendig 8
immédiatement sofort 5
imperméable *m.* Regenmantel 11
important/e wichtig 8
indicatif *m.* Vorwahl 8
indigestion *w.* Magenverstimmung 12
individuel/le *m./w.* individuell, Einzel- 4
infirmier/infirmière *m./w.* Krankenpfleger/-schwester 12
informaticien/ne *m./w.* Informatiker/in 2
ingénieur *m./w.* Ingenieur/in 1
installer installieren 12
instant *m.* Moment 11
intéressant/e *m./w.* interessant 2
Internet *m.* Internet 8
introduire einführen 9
introduit/e *m./w.* eingeführt 9
inviter einladen 6
Italie *w.* Italien 2
italien *m.* Italienisch (*Sprache*) 2
italien/ne *m./w.* italienisch; Italiener/in 2
itinéraire *m.* Route, Strecke 3

J

jambe *w.* Bein 12
jambon *m.* Schinken 6
janvier *m.* Januar 4
jardin *m.* Garten 4
jaune *m./w.* gelb 11
jazz *m.* Jazz 6
je ich 1
jeans *m./Mz.* Jeans 11
jetter (~ un coup d'œil) werfen (einen Blick werfen, *hier:* nur [mal] schauen) 11
jeudi *m.* Donnerstag 5
jeunesse *w.* Jugend 4
jour *m.* Tag 1
journal *m.* Zeitung 4
journée *w.* Tag, Tagesablauf 1
juillet *m.* Juli 4
juin *m.* Juni 4
jupe *w.* Rock (*Kleidung*) 11
jus *m.* Saft 6
jusqu'à bis (*zeitlich und räumlich*) 6
juste (~ à temps) gerade (gerade rechtzeitig) 10
juste *m./w.* gerecht, richtig, genau 9
justement ausgerechnet 10

K

kilo *m.* Kilo 11
kiosque *m.* Kiosk 11

L

la die (*Ez.*); sie (*Ez.*) 1
là da, dort 3
là-haut hinauf, dort oben 3

lait *m.* Milch 6
lampe *w.* Lampe 5
large *m./w.* weit, breit 11
lavabo *m.* Waschbecken 5
le der; ihn, es 1
lecteur MP3 *m.* MP3-Player 8
légèrement leicht (*Umstandswort*) 12
légume *m.* Gemüse 7
lent/e *m./w.* langsam 8
lentement langsam (Umstandswort) 4
les die (*Mz.*); sie (*Mz.*) 3
lettre *w.* (~ majuscule/ minuscule) Brief, Buchstabe (Groß-/Kleinbuchstabe) 5, 8
liaison *w.* (Ver-)Bindung 9
liberté *w.* Freiheit 10
libre *m./w.* frei 2
liégeois/e *m./w.* (café liégeois) aus Lüttich (Eiskaffee) 6
ligne *w.* Linie 10
liquide *m.* (en ~) Flüssigkeit (in bar) 5
lit *m.* Bette 4
litre *m.* Liter 11
livre *m.* (~ de cuisine) Buch (Kochbuch) 11
livre *w.* Pfund 11
local/e *m./w.* lokal, örtlich 11
loin weit 3
long/longue *m./w.* lang 11
longtemps lange Zeit 10
lorrain/e *m./w.* aus Lothringen 7
louer mieten, vermieten 4
lourd/e *m./w.* schwer (*Gewicht, Essen*) 7
lumière *w.* Licht 5
lundi *m.* Montag 5

M

ma *w.* meine (*Ez.*) 1
Madame *w.* Frau ..., meine Dame 1
Mademoiselle *w.* Fräulein ..., mein Fräulein 1
magasin *m.* Geschäft (*Laden*) 2
magazine *m.* Zeitschrift 9
mai *m.* Mai 4
mail *m.* E-Mail 9
main *w.* Hand 1
maintenant jetzt 1
mais aber 2
maison *w.* Haus 4
mal schlecht (*Umstandswort*) 1
mal *m.* (*Mz.*: maux) Krankheit, Leiden, Schmerz 12
malade *m./w.* krank 1
maladie *w.* Krankheit 12
malheureusement leider 2
manger essen 5
marchand/e *m./w.* Händler/in 11
marché *m.* Markt 6
marcher laufen, funktionieren 5
mardi *m.* Dienstag 5
mari *m.* Ehemann 1
marié/e *m./w.* verheiratet 2
maritime *m./w.* See-, Meeres- 10
marmelade *w.* Mus, Kompott 7
marron *m./w.* braun 11
mars *m.* März 4
matin *m.* Morgen 5
mauvais/e *m./w.* falsch; schlecht 8, 9
Mayence Mainz 2
me mich, mir 2
médecin *m./w.* Arzt/Ärztin 2
médecine *w.* Medizin 12
médicament *m.* Medikament 12
melon *m.* Melone (*allgemein*), Honigmelone 7
mensuel/le *m./w.* monatlich, Monats- 10
menu *m.* Karte, Menü 7
mer *w.* Meer 5
merci danke 1
mercredi *m.* Mittwoch 5
mes meine (*Mz.*) 2
Messieurs-dames *m./Mz.* meine Damen und Herren / meine Dame, mein Herr 6
métro(politain) *m.* U-Bahn 3
metteur en scène *m.* Regisseur 8
mettre setzen, stellen, legen, hineintun; anziehen; brauchen (*Zeit*) 6
meunier/meunière *m./w.* Müller/in 7
micro *m.* Mikrofon 8
midi *m.* Mittag 3
mieux besser 8
mille tausend 2
minuit *m.* Mitternacht 3
minute *w.* Minute 3
mobil-home *m.* Wohnmobil 5
mode *w.* Mode 11
moderne *m./w.* modern 10
moi ich (*betont*), mich, mir 1
moins weniger, minus 3
moment *m.* (au bon ~) Moment (im richtigen Moment) 10
mon *m.* mein 1
monnaie *w.* Wechselgeld 10
Monsieur *m.* Herr ..., mein Herr 1
montagne *w.* Gebirge 12
morceau *m.* Stück 11
mordre beißen 12
mot *m.* (~ de passe) Wort (Passwort) 8
moule *w.* (moules-frites) Miesmuschel (Muscheln und Pommes frites) 12
mousse *w.* Schaum, Mousse 7
moustique *m.* Stechmücke 12
moutarde *w.* Senf 7
moyen so lala, mittelmäßig 1
Munich München 2
municipal/e *m./w.* Stadt-, Gemeinde- 10
musée *m.* Museum 6
musique *w.* Musik 6
mutuelle *w.* Zusatzversicherung 12

N

n'est-ce pas ? nicht wahr? 5
national/e *m./w.* national 3
nausées *w./Mz.* (j'ai des ~) Übelkeit (mir ist übel) 12
navette *w.* Pendelbus 10
ne ... pas nicht 1
neiger schneien 10
neuf neun 3
neuvième *m./w.* neunte/r 5

niçois/e *m./w.* aus Nizza 7
noir/e *m./w.* schwarz 8
nom *m.* Name 4
nombre *m.* Anzahl, Zahl 5
non nein 1
normal/e *m./w.* normal 9
normand/e *m./w.* normannisch, aus der Normandie 7
nos unsere (*Mz.*) 2
note *w.* Rechnung 5
notre unser/e (*Ez.*) 2
nous wir, uns 1
novembre *m.* November 4
nuageux/nuageuse *m./w.* bewölkt 10
nuit *w.* Nacht 1
nuitée *w.* Übernachtung 5
numéro *m.* Nummer 4

O

occupé/e *m./w.* beschäftigt 1
octobre *m.* Oktober 4
œil *m.* (*Mz.:* yeux) Auge 11
office *m.* Amt, Dienststelle 3
oignon *m.* Zwiebel 7
Ok O.K. 9
olympique *m./w.* olympisch, Olympia- 10
on man, wir 6
oncle *m.* Onkel 2
onze elf 3
opérer operieren 12
orange *w.* Orange 11
ordinateur *m.* Computer 2
ordonnance *w.* Rezept (*vom Arzt*) 12
oreiller *m.* (Kopf-)Kissen 5
où ? wo?, wohin? 2
oui ja 2
ouvert/e *m./w.* geöffnet 3
ouvrier/ouvrière *m./w.* Arbeiter/in 2
ouvrir öffnen 5

P

pain *m.* Brot 7
paire *w.* Paar 11
palais *m.* Palast 10
panaché *m.* Radler, Alsterwasser 6
pantalon *m.* Hose 11
papier *m.* (~ hygiénique) Papier (Toilettenpapier) 5
papier à cigarettes *m.* Zigarettenpapier 9
paquet *m.* Paket (Post), Päckchen (*Zigaretten etc.*) 9
par durch, per, pro 4
parc *m.* Park 10
pardon Entschuldigung, Verzeihung 2
parents *m./Mz.* Eltern 2
parfait/e *m./w.* perfekt, großartig 4
parfois ab und zu 8
parking *m.* Parkplatz 4
parlement *m.* Parlament 10
parler sprechen 4
partir abfahren, abreisen, auschecken 3
pas (ne ... ~) kein/e (nicht) 1
passeport *m.* Reisepass 5
passer verbringen 6
pastèque *w.* Wassermelone 11
pâté *m.* Pastete 6
pâtes *w./Mz.* Nudeln 11
pauvre *m./w.* arm; Arme/r 1
pavé *m.* Pflasterstein 7
pavé de bœuf *m.* (dickes) Rindersteak 7
payer (be)zahlen 5
pays *m.* Land 7
Pays-Bas *m./Mz.* Niederlande 2
pêche *w.* Pfirsich 11
pédestre *m./w.* Fuß-, Fußgänger- 3
pendant während 12
pensée *w.* Gedanke 9
penser denken, meinen, (von etwas) halten 11
pension *w.* Pension 4
perdre verlieren 9
Perrier® *m.* Sprudelwasser 6
perroquet *m.* Papagei 6
personne *w.* Person 4
petit/e *m./w.* klein 1
petit ami *m.* fester Freund 1
petit déjeuner *m.* Frühstück 5
petit paquet *m.* Päckchen 9
petite amie *w.* feste Freundin 1
peu wenig 3
peut-être vielleicht 9
pharmacie *w.* (~ de garde) Apotheke (diensthabende Apotheke) 12
pharmacien/ne *m./w.* Apotheker/in 12
piano *m.* Klavier, Piano 8
pièce *w.* (~ d'identité) Stück (Ausweis) 5
pied *m.* (à ~) Fuß (zu Fuß) 3
pile *w.* Batterie 8
piquer stechen 12
pis schlimmer 8
piste cyclable *w.* Radweg 10
place *w.* Platz 3
plage *m.* Strand 4
plaire gefallen 3
plaisir *m.* (me fait ~) Vergnügen (es freut mich) 8
plan *m.* (~ de la ville) Plan (Stadtplan) 10
plat *m.* (~ principal) Gericht, Gang (Hauptgang) 7
plâtrer eingipsen 12
pleuvoir regnen 10
plus mehr, plus 1
point *m.* Punkt 8
pointure *w.* Größe (*Schuhe*) 11
poisson *m.* Fisch 7
poitrine *w.* Brust 12
poivre *m.* Pfeffer 7
poivron *m.* Paprika(schote) 11
policier/policière *m./w.* (roman policier) Polizei- (Krimi) 11
pommade *w.* Salbe 12
pomme *w.* (~ de terre) Apfel (Kartoffel) 7
pont *m.* Brücke 6
porc *m.* Schwein, Schweinefleisch 7
port *m.* Hafen 10
portable *m.* Handy 4
porte *w.* Tür 5

Porto *m.* Portwein 7
possible *m./w.* möglich 4
postal/e *m./w.* Post-, postalisch 9
poste *w.* Post 4
pot *m.* Becher, Glas 11
potage *m.* Suppe (*gebunden*) 7
poulet *m.* Hühnchen 7
pour für 2
pourquoi ? warum? 2
pouvoir können, dürfen 3
préféré/e *m./w.* Lieblings- 10
préférer lieber mögen, vorziehen 6
prélever abheben (*Geld*) 9
premier/première *m./w.* erste/r 1
prendre nehmen 1
prénom *m.* Vorname 5
préparer vorbereiten, fertig machen 5
près (~ de) nahe (bei), in der Nähe (von) 4
prescrire verschreiben 12
présenter vorstellen 1
pression *w.* gezapftes Bier 6
prier bitten, beten 2
principal/e *m./w.* Haupt- 7
prioritaire *m./w.* Express (*Post*) 9
prix *m.* Preis 5
probablement wahrscheinlich, wohl (*Umstandswort*) 12
problème *m.* Problem 4
prochain/e *m./w.* nächste/r 1
produit *m.* Produkt 11
professeur *m./w.* Lehrer/in, Professor/in 2
profession *w.* Beruf 2
programme *m.* Programm 8
promenade *w.* Spaziergang 3
puis dann, danach 3
pull(over) *m.* Pullover 11

Q

quai *m.* Bahnsteig 3
quand ? wann? 4
quarante vierzig 4
quart *m.* (~ d'heure) Viertel (Viertelstunde) 3
quartier *m.* Viertel, Stadtteil 10
quatorze vierzehn 4
quatre vier 3
quatre-vingt achtzig 4
quatre-vingt-dix neunzig 4
quatrième *m./w.* vierte/r 5
que was, das; dass 2
que ? was? 2
quel/quelle *m./w.* ? welche/r?, was für ein/e? 2
quelqu'un jemand 5
quelque (~ chose) einige, ein/e gewisse/r (etwas) 5
quelques einige, manche 5
question *w.* Frage 8
qui ? wer? 1
quiche *w.* (~ lorrraine) herzhaft belegter Mürbeteigboden (Speckkuchen mit Eiern, Sahne und Käse) 7
quinze fünfzehn 4
quoi ? was? 12

R

radio(graphie) *w.* (faire une ~) Röntgenaufnahme (röntgen) 12
rafraichissant/e *m./w.* erfrischend 6
raisin *m.* Traube(n) (*meist Ez.*) 11
raison *w.* (avoir ~) Vernunft, Verstand (recht haben) 7
randonnée *w.* (carte de randonnées) Wanderung (Wanderkarte) 3
rappeler zurückrufen 8
ratatouille *w.* provenzalisches Gemüseschmorgericht 3
ravoir wieder haben 9
réalisateur *m.* Regisseur 8
réception *w.* Rezeption, Empfang 5
recette *w.* Rezept (*zum Kochen*) 6
recevoir empfangen, erhalten 4
recommandé/e *m./w.* eingeschrieben (*Post*) 9
recommander empfehlen 12
récupérer zurückbekommen 9
redonner zurückgeben 9
réessayer noch einmal versuchen 8
regarder schauen 4
régisseur *m.* Regieassistent 8
règle *w.* Regel 9
regretter bedauern 5
rendre zurückgeben, wiedergeben 9
rentrer zurückkehren 10
renvoyer zurückschicken 9
repartir abreisen 5
repas *m.* Essen, Mahlzeit 12
répéter wiederholen 4
réponse *w.* Antwort 4
représentant/e *m./w.* Vertreter/in 2
république *w.* Republik 10
RER *m.* S-Bahn 10
réservé/e *m./w.* reserviert, ausgebucht 5
réserver reservieren 4
résidence *w.* Anlage 4
restaurant *m.* Restaurant 4
rester bleiben 5
retard *m.* Verspätung 3
retirer abheben, entnehmen 9
retour *m.* (aller et ~) Rückkehr, Rückreise (hin und zurück) 12
retraité/e *m./w.* Rentner/in 2
revenir zurückgehen, zurückkommen 6
revoir wiedersehen 8
rhume *m.* Erkältung 12
rien (de ~) nichts (keine Ursache) 2
robe *w.* Kleid 11
robinet *m.* Wasserhahn 5
rock *m.* Rock (*Musikstil*) 6
roman *m.* Roman 11
Roquefort *m.* Roquefort (*herber Blauschimmelkäse*) 7
rosé *m.* Rosé(wein) 6
rouge *m./w.* rot 6
route *w.* (en ~) Route, Strecke (unterwegs) 3
royal/e *m./w.* königlich 6
rubrique *w.* Rubrik 8
rue *w.* Straße 5

rugby *m.* Rugby 10
rural/e *m./w.* ländlich, Land- 4

S
s'allonger sich hinlegen 12
s'améliorer besser werden 10
s'asseoir (Asseyez-vous !) sich setzen (Setzen Sie sich!, Nehmen Sie Platz!) 12
s'inquiéter sich Sorgen machen 3
sa seine, ihre (*Ez.*) 2
sac *m.* Handtasche, Tasche, Tüte 11
saignant/e *m./w.* blutig 7
saint/e *m./w.* heilig 10
saison *w.* Jahreszeit 4
salade *w.* Salat 6
salami *m.* Salami 11
salé/e *m./w.* salzig, versalzen 7
salle *w.* Saal, Raum 3
salon *m.* Salon 7
salon de thé *m.* Café 7
Salut ! Hallo!, Grüß dich! 1
salutation *w.* Gruß 4
samedi *m.* Samstag 5
SAMU *m.* Ambulanz 12
sandwich *m.* Sandwich 6
santé *w.* Gesundheit 12
s'appeler sich nennen, heißen 1
s'arrêter anhalten 3
saucisson *m.* Salamiwurst 6
savoir wissen 3
scène *w.* Szene, Bühne 8
se sich 4
se libérer frei werden 5
se passer sich ereignen, vergehen (*Zeit*) 9
se reposer sich ausruhen 12
sèche-cheveux *m.* Föhn 5
seconde *w.* Sekunde, Moment 8
secours *m.* (Au ~ !) Hilfe (Hilfe!) 12
secret/secrète *m./w.* geheim 9
secrétaire *m./w.* Sekretär/in 2
sécurité *w.* (~ sociale) Sicherheit (Sozialversicherung) 12
seize sechzehn 4
sel *m.* Salz 7
semaine *w.* Woche 6
sembler scheinen 11
sentier *w.* Weg, Pfad 3
sentir (Comment vous sentez-vous ?) fühlen (Wie fühlen Sie sich?) 12
séparé/e *m./w.* getrennt 2
sept sieben 3
septembre *m.* September 4
septième *m./w.* siebte/r 5
serpent *m.* Schlange 12
serviette *w.* (~ de table/toilette) Serviette, Handtuch 5, 7
servir (se ~ de) servieren, dienen (benutzen, verwenden) 5
seule *m./w.* allein 2
seulement nur 6
si wenn; doch 3, 10
signer unterschreiben 5
s'il te plait bitte (*wenn man sich duzt*) 3
s'il vous plait bitte (*wenn man sich siezt*) 3
six sechs 3
sixième *m./w.* sechste/r 5
social/e *m./w.* sozial 12
société *w.* Gesellschaft 3
sœur *w.* Schwester 1
soir *m.* Abend 1
soirée *w.* Abend (*in seinem Verlauf*) 1
soixante sechzig 4
soixante-dix siebzig 4
sole *w.* Seezunge 7
soleil *m.* (il fait ~) Sonne (es ist sonnig) 10
somnifère *m.* Schlafmittel 12
son sein, ihr 2
sorbet *m.* Sorbet, Fruchteis 7
soupe *w.* Suppe 7
souscrit/e *m./w.* unterschrieben 8
spécial/e *m./w.* speziell, besondere/r/s 12
spécialité *w.* Spezialität 7
spectacle *m.* Vorstellung 6
sportif/sportive *m./w.* sportlich 10
stade *m.* Stadion 10
station *w.* Station, Stand (*Taxi etc.*) 3
steak haché *m.* Hacksteak 7
steak tartare *m.* Tartarsteak 7
studio *m.* Apartment 8
suffire (aus)reichen 11
suisse *m./w.* schweizerisch; Schweizer/in 2
Suisse *w.* Schweiz 2
suissesse *w.* Schweizerin 2
suite *w.* Suite 5
supermarché *m.* Supermarkt 4
supporter *m.* Fan 10
sur auf, über 3
sûr/sûre *m./w.* sicher 9
surtout vor allem 12
sympa *m./w.* nett, sympathisch 6
symptôme *m.* Symptom 12

T
ta deine (*Ez.*) 2
tabac *m.* (bureau de ~) Tabak (Tabakladen) 9
table *w.* Tisch 5
tablette *w.* Tablet 8
taille *w.* Größe (Kleidung) 11
talon *m.* Absatz, Ferse 11
tante *w.* Tante 2
taper (ein)tippen 9
tapis *m.* Teppich 5
tard spät (*Umstandswort*) 1
tarte *w.* belegter Mürbeteigkuchen 6
tasse *w.* Tasse 7
taxi *m.* Taxi 3
te dich, dir 2
télé(vision) *w.* Fernsehen 5
téléphone *m.* Telefon 4
téléviseur *m.* Fernseher 5
tellement (so) sehr 10
temps *m.* (Pour combien de ~ ?) Wetter, Zeit (Für wie lange?) 6
tension *w.* Druck, Blutdruck 12
tente *w.* Zelt 5
terminer beenden, fertig sein 7
terminus *m.* Endhaltestelle 10
terrain *m.* Grundstück 5
terre *w.* Erde 11

terrine *w.* Terrine, Pastete 7
tes deine (*Mz.*) 2
tête *w.* Kopf 12
texto *m.* SMS 8
thé *m.* Tee 6
théâtre *m.* Theater 6
thon *m.* Thunfisch 11
ticket *m.* Fahrkarte, Ticket 10
timbre *m.* Briefmarke 9
tiret *m.* Strich, Gedankenstrich 8
tirette *w.* Geldautomat 9
tisane *w.* Kräutertee 6
toi du (betont), dich, dir 1
toilettes *w./Mz.* Toilette 5
tomate *w.* Tomate 7
tomber fallen 12
ton dein 1
toujours immer 6
tour *m.* (À qui le ~ ?) Rundfahrt, Tour (Wer ist an der Reihe?) 10
tourisme *m.* Fremdenverkehr, Tourismus 3
tourner abbiegen, drehen 6
tous/toutes *m./w./Mz.* alle 4
tout alles, ganz 6
tout à fait ganz genau 5
tout de suite sofort 7
tout droit geradeaus 6
traditionnel/le *m./w.* traditionell 6
train *m.* Zug 1
trait *m.* (~ oblique) Strich (Schrägstrich) 8
tram *m.* Straßenbahn 3
tranquille *m./w.* ruhig, entspannt 6
travail *m.* Arbeit 2
travailler arbeiten 2
traverser überqueren 3
treize dreizehn 4
tréma *m.* Umlaut 4
trente dreißig 4
très sehr 1
trésor *m.* Schatz 8
tribunal *m.* Gericht (*Institution*) 10
trois drei 3
troisième *m./w.* dritte/r 5
trop zu (sehr) 11
trouver (se ~) finden (sich befinden) 3
truffe *w.* Trüffel 6
truite *w.* Forelle 7
T-shirt *m.* T-Shirt 11
tu du 1
tuilerie *w.* ([Jardin des] Tuileries) Ziegelei (Tuilerien[-Park]) 10
tutoyer duzen 1
typique *m./w.* typisch 7
typiquement typisch (*Umstandswort*) 6

U

un ein, eins 1
une eine 1
université *w.* Universität 10
utiliser benutzen, verwenden 8

V

vacances *w./Mz.* Urlaub, Ferien 2
valable *m./w.* gültig 10
valider für gültig erklären, bestätigen 9
valise *w.* Koffer 3
veau *m.* Kalb, Kalbfleisch 7
végétarien/ne *m./w.* Vegetarier/in 7
vélo *m.* Fahrrad 10
vendeur/vendeuse *m./w.* Verkäufer/in 2
vendredi *m.* Freitag 5
venir kommen 2
vent *m.* (il y a du ~) Wind (es ist windig) 10
ventre *m.* Bauch 12
vérifier überprüfen 8
verre *m.* Glas 5
vers gegen 3
vert/e *m./w.* grün 10
veste *w.* Jacke, Sakko 11
viande *w.* Fleisch 7
vie *w.* Leben 6
Vienne Wien 2
village *m.* Dorf 5
ville *w.* Stadt 2
vin *m.* Wein 6
vinaigre *m.* Essig 7
vingt zwanzig 2
violet/te *m./w.* lila 11
vitesse *w.* Geschwindigkeit 3
vitrine *w.* Schaufenster 11
voie *w.* Weg 9
voilà hier ist 3
voir sehen 3
voiture *w.* Auto 5
vos eure, Ihre (*Mz.*) 2
votre euer/eure, Ihr/e (*Ez.*) 2
voucher *m.* Voucher 5
vouloir möchten, wollen 4
vous ihr, Sie; euch, Ihnen 1
vouvoyer siezen 1
voyage *m.* Reise 1
vrai/e *m./w.* (pas vrai ?) wahr (nicht wahr?) 10
vraiment wirklich 7
vue *w.* Blick 4

W

webcam *w.* Webcam 8
wifi *m.* WLAN 8

Y

y da(hin), dort(hin) 3
yaourt *m.* Joghurt 11

Z

zéro Null 3
zoo *m.* Zoo 10

Quellenverzeichnis

Titel: © Olena Kachmar/123rf.com
S. 4: © Getty Images/iStock/vwalakte
S. 6: beide Fotos © Hueber Verlag-Archiv
S. 7: © Getty Images/E+/franckreporter
S. 8: © mauritius images/Pixtal/WE113411
S. 9: © Getty Images/Cultura/Ghislain & Marie David de Lossy
S. 10 und **S. 11:** © Getty Images/iStock/SimonSkafar
S. 12: © PantherMedia/Yuri Arcurs
S. 13: links © Getty Images/Blend Images/Kim Steele, rechts © Thinkstock/Getty Images/Jupiterimages
S. 14: links © Getty Images/E+/Imgorthand, rechts © Thinkstock/iStock/Pascale Gueret
S. 15: © iStock/peepo
S. 16: © Thinkstock/iStock/gdmoonkiller
S. 17: © Getty Images/E+/Chaiffy
S. 18: © Getty Images/iStock/LUke1138
S. 19: © Getty Images/iStock/EHStock
S. 20: © Thinkstock/iStock/Fotomicar
S. 21: links © fotolia/WavebreakMediaMicro, rechts © PantherMedia/Wavebreakmedia ltd
S. 22: © Getty Images/iStock/encrier
S. 23: © Artalis-Kartographie – stock.adobe.com
S. 24: © Thinkstock/iStock/tichr
S. 25: © Thinkstock/iStock/Marjan_Apostolvic
S. 26: © Getty Images/iStock/Tree4Two
S. 27: © Getty Images/iStock/stocknshares
S. 28: © PantherMedia/Thorsten Rust
S. 29: links © Getty Images/iStock/Elodiegaillard, rechts © Getty Images/BananaStock/Jupiterimages
S. 30: links © iStockphoto/Jacob Sjöman Svensson, rechts © Thinkstock/iStock/Freeartist
S. 31: © Getty Images/E+/andresr
S. 32: © Thinkstock/iStock/RossHelen
S. 33: © Thinkstock/iStock/RossHelen
S. 34: © Getty Images/iStock/PJPhoto69
S. 35: © Getty Images/E+/martin-dm
S. 36: © iStockphoto/Isabel Da Silva Azevedo Drouyer
S. 37: links © fotolia/Thierry Hoarau, rechts © fotolia/chris32m
S. 38: links © Getty Images/iStock/no_limit_pictures, rechts © Getty Images/iStock/ventdusud
S. 39: © Thinkstock/iStock/rilueda
S. 40: © Getty Images/iStock/peeterv
S. 41: © Getty Images/E+/PeopleImages
S. 42: © Thinkstock/iStock/efesenko
S. 43: © Thinkstock/iStock/FreedomMaster
S. 44: © Guido Meier
S. 45: links © Thinkstock/iStock/irakite, rechts © PantherMedia/Monkeybusiness Images
S. 46: © PantherMedia/Manuel Lesch
S. 47: © Thinkstock/iStock/encrier
S. 48: © Thinkstock/iStock/manjik
S. 49: © Thinkstock/iStock/encrier
S. 50: © Thinkstock/iStock/fotoVoyager
S. 51: © Thinkstock/iStock/anyaberkut
S. 52: © Guido Meier
S. 53: links © Getty Images/E+/SolStock, rechts © mauritius images/foodcollection
S. 54: © Getty Images/iStock/MarioGuti
S. 55: © Getty Images/iStock/EHStock
S. 57: © Thinkstock/iStock/gpointstudio
S. 58: © Thinkstock/iStock/encrier
S. 59: © Thinkstock/iStock/RossHelen
S. 60: © Thinkstock/iStock/Xantana
S. 61: © Getty Images/E+/AzmanJaka
S. 62: © Guido Meier
S. 63: links © iStockphoto/Robyn Mackenzie, rechts © PantherMedia/P. Pelz
S. 64: links © fotolia/Pecold, rechts © iStockphoto/Jonathan Maddock
S. 65: © Getty Images/E+/golero
S. 66: © Getty Images/E+/lechatnoir
S. 67: © Getty Images/iStock/portishead1
S. 68: © Thinkstock/iStock/RossHelen
S. 69: © Getty Images/E+/Geber86
S. 70: © mauritius images/Fabio and Simona
S. 71: links © fotolia/Yuri Arcurs, rechts © PantherMedia/Yuri Arcurs
S. 72: © fotolia/Indigo
S. 73: links oben © Thinkstock/iStock/Rosshelen, links unten © Thinkstock/iStock/PictureReflex, rechts © fotolia/Jenifoto
S. 74: © Getty Images/iStock/pixelfit
S. 75: © Thinkstock/iStock/utah778
S. 76: © Thinkstock/iStockphoto
S. 77: © Thinkstock/iStock/Viktor Cap
S. 78: © iStockphoto/Paul Fawcett
S. 79: links © fotolia/pixarno, rechts © fotolia/simon gurney
S. 80: links © mauritius images/Alamy RF/RooM the Agency, rechts © Thinkstock/iStock/TSGarp
S. 81: oben links © Thinkstock/Stockbyte, oben rechts © Getty Images/E+/Imgorthand, unten links © fotolia/Ekaterina Pokrovsky, Mitte © iStockphoto/Lit Liu, rechts © mauritius images/image-BROKER/Dr. Wilfried Bahnmüller
S. 82: © Thinkstock/iStock/neirfy
S. 83: © Thinkstock/iStock/encrier
S. 84: © Thinkstock/iStock/PobladuraFCG
S. 85: © Thinkstock/iStock/LDProd
S. 86: © Getty Images/iStock/instamatics
S. 87: links © PantherMedia/Leander Suckfüll, rechts © iStockphoto/Ekaterina Krasnikova
S. 88: links © fotolia/coco, rechts © fotolia/Schiddrigkeit
S. 89: © Thinkstock/iStock/JMLPYT
S. 90: © Getty Images/iStock/graemenicholson
S. 91: © Getty Images/iStock/RossHelen
S. 92: © Getty Images/iStock/Instants
S. 93: © Getty Images/E+/pixelfit
S. 94: © Getty Images/E+/AleksandarGeorgiev
S. 95: © Getty Images/E+/Nikada
S. 96: links © PantherMedia/Richard Semik, rechts © LianeM – stock.adobe.com
S. 97: © Thinkstock/iStock/VvoeVale
S. 98: © Thinkstock/iStock/JackF
S. 99: © Getty Images/iStock/Wavebreak
S. 100: © Thinkstock/iStock/Ignacio Ruiz Casanellas
S. 101: © Getty Images/iStock/andresr
S. 102: © Guido Meier
S. 103: links © iStockphoto/manuel velasco, rechts © Thinkstock/iStock/mangostock
S. 104: © Thinkstock/iStock/LiptonCNX

Bildredaktion: Cornelia Hellenschmidt, Hueber Verlag, München

Inhalt der MP3-Dateien:

Sprecherinnen und Sprecher: Ingrid Barzic, Jean-Yves de Groote, Marie-Paule Ragheb-Mercier, Olivier Thomazo
Produktion: Tonstudio Langer, 85375 Neufahrn, Deutschland